Toni Schwarz
HosentaschenUnterhaltung

Toni Schwarz

Hosentaschen Unterhaltung ©

Mit Zeichnungen von
Claudia Barthelmes

Bibliografische Information der Deutschen Nationalbibliothek:
Die Deutsche Nationalbibliothek verzeichnet diese Publikation in der Deutschen Nationalbibliografie; detaillierte bibliografische Daten sind im Internet über http://dnb.ddb.de abrufbar.

1. Auflage 2016

ISBN 978-3-86870-953-7

Covergestaltung, Grafik, Layout, Lektorat
Claudia Barthelmes

www.rediroma-verlag.de
9,95 Euro (D)

Inhalt

SCHRÄGE VÖGEL

Mein Kuckuck jodelt

Aufgeregtes Gepiepse im Amselnest.

„Was hast du da für ein hässliches Ei gelegt?"

„Ich weiß auch nicht, woher das kommt. Von mir jedenfalls nicht! Ich war vorhin das Edeka-Schild einkacken und als ich heimkomme, liegt es da."

„Und du bist wirklich nicht fremdgeflogen?"

„Nein, zum Kuckuck, bestimmt nicht! Bei dir piept's wohl! Ich glaub', mein Wurm bohnert!"

Einige Tage später - zwei kleinere und ein großes Küken picken sich aus den schützenden Eihüllen. Der hässliche große Kükerich wird von den Vogeleltern vernachlässigt und bekommt Minderwertigkeitskomplexe. Er träumt davon, dass er es später allen zeigen wird.

Zunächst wächst er als ungeliebtes Kind auf und beschließt abzufliegen, sobald er vollfedrig ist. Als er eines Tages gedankenlos die Siedlung hin und her fliegt, wird er von einem kurzsichtigen Menschen eingefangen. Der ist Gerichtsvollzieher und versucht, ihn ständig mittels Spucke auf ein Möbelstück zu kleben. Mit Mühe kann er ihm entkommen und beschließt, nun endgültig etwas aus seinem Leben zu machen.

Er will ein Star werden und lässt sich auf harten Bohlen nieder, um sich casten zu lassen. Das Praktikum als Jungstar ist sehr hart. Er muss in den Schwarzwald, wird in ein winziges Häuschen gesteckt, wo er jede

Stunde ein Türchen öffnen, auf einer Stange nach vorne balancieren und - je nach Uhrzeit - ein bis zwölf Mal „Kuckuck" plärren muss. Das geht ihm bald auf die Eier. Er giert nach Besonderem!

Er bildet sich deshalb weiter, belegt an der Volkshochschule einen Jodelkurs und erlangt das Jodeldiplom. Er fliegt in die Holleradihöh nach Holleradywood und mausert sich zum Star. Dort heiratet er eine Hupfdohle vom Ballett, jodelt mit ihr glücklich und zufrieden, bis er seine Federn abgibt.

Photinus Pyralis oder
Glühwürmchen und Leuchtdiode

„Sag mal, warum blinkst du denn so fürchterlich?"
„Hu-hu-hu! Meine Verlobte ist durchgebrannt."
„Mit wem denn?"
„Na selber, du Dummkopf. Sie war doch eine Glühlampe!"
„Ach, 'ne Glühlampe! Nun ja, diese aufgeblasenen altmodischen Dinger haben ja auch keinen besonders guten Wirkungsgrad und sollen deshalb aussterben."
„Hu-hu-hu! Aber sie hatte ein so tolles Licht und war so warmherzig. In ihrem Lichtschein haben die Farben noch natürlich ausgesehen. Aber wer bist du denn überhaupt?"
„Ich bin ein Glühwürmchen der Sorte photinus pyralis."
„Und was machst du so?"

„Ich glühe! Und wer bist du?“

„Ich bin eine Leuchtdiode und brenne mindestens zwanzig Mal länger als eine Glühlampe. Noch dazu habe ich einen Wirkungsgrad von dreißig Prozent!“

„Waaaas, nur dreißig Prozent? Ich habe einen Wirkungsgrad von fünfundneunzig Prozent!“

„Dafür reibst du dir aber ganz schön den Arsch auf.“

„Dafür strahle ich aber auch ein sensationell schönes Licht aus.“

„Da hat du allerdings Recht. Zum Verlieben schön. Jedenfalls viel schöner als diese verdammten Giftschleudern!“

„Giftschleudern?“

„Ja, man nennt sie auch fälschlicherweise Energiesparlampen. Energiespar-Schlampen wäre der bessere Name für diese mit hochgiftigem Quecksilber vollgepumpten zerbrechlichen Hochstapler.“

„Warum bist du denn so wütend auf die?“

„Ist doch wahr, die Leuchtmittelmafia vergöttert diese Diva, nur weil sie mit ihr mehr verdienen als mit der Glühlampe. Dabei ist sie Bullshit! Schaltest du sie zu oft hintereinander ein und aus, ist sie gleich kaputt. Außerdem gibt sie ein furchtbares Farbspektrum ab, so dass die Umgebung blass und fahl wirkt. Stell dir vor, bis diiieee erst einmal hell ist, dauert es fast zwei Minuten.“

„Na, du hast ja einen mords Hass auf diese Typen.“

„Habe ich auch! Einer von denen wollte sogar meine Glühlampenfreundin anbaggern. Dem habe ich aber gegeben, ihm blieb nur noch der Weg zum Sondermüll. Naja, ist ja jetzt auch schnuppe.“

„Warum ist das schnuppe?“

„Weil sie durchgebrannt ist! Wenigstens hat man sie nicht zum Sondermüll tragen müssen. Sie hat ein Begräbnis neben einer edlen Kupferleitung in der grauen Tonne bekommen.“

„Als Glühwurm komme ich viel herum und ich sage dir, es gibt noch viel hässlicheres Licht als das, was diese Sparlampen abgeben. Wie diese furchtbare schwarzgelbe Straßenbeleuchtung. Man nennt es Natriumdampflicht. In dem sieht man gar keine Farben. Ein grässliches Totenlicht ist das! Wegen dem wäre ich beinahe mal gegen einen Baum gerast, weil ich ihn in diesem abscheulichen Licht übersehen habe.“

„Was du nicht sagst. Das wäre aber schade um den Baum gewesen.“

„Nun denn, liebe Diode, nimm‘s nicht so schwer. Ich muss mich jetzt leider verabschieden, es ist gerade 22 Uhr und ich brauche meine Energie für meine Paarungszeit. Hat Spaß gemacht mit dir zu sprechen, habe dabei ‘ne Menge gelernt.“

„Liebes Glühwürmchen, es hat mir auch gut getan mit dir zu sprechen. Kommst du morgen wieder, wenn es dunkel wird?“

„Gerne, liebe Leuchtdiode. Aber dann bringst du mir bei, wie man so schön in verschiedenen Farben leuchten kann.“

„Selbstverständlich, dann erkläre ich dir auch, warum das Licht bei dieser Riesengeschwindigkeit von etwa dreihunderttausend Kilometern in der Sekunde nicht ausgeht."

Wie mer is, so is mer halt

Im Bräunungsstudio verbrennt der Düdel
sein‘ Kopf, sein‘ Bauch und auch sein‘ Schnüdel.
Er dort ‘nen schwarzen Fleck entdeckt,
denkt, es ist Krebs, und er verreckt.
Nur wegen der Nachbarn braun zu sein,
geh ich das Risiko erst gar nicht ein.

Doch des lässt mich alles kalt - wie mer is, so is mer halt!

Auf der frischen Blumenwiese
liegt der Hans mit seiner Liese.
Gerne würd‘ er‘s mit ihr treiben,
doch dann lässt er‘s lieber bleiben.
Er langt ihr an den Balkon
und merkt der ist aus Silikon.

Doch des lässt mich alles kalt - wie mer is, so is mer halt!

Sie spritzt sich Botox ins Gesicht
bis man ihr G‘sicht gar net mehr sicht.
Die Lippen hängen in ihrer Fratze
wie ’ne aufgeblasene Luftmatratze.
Ring in der Nase, Ring in der Lippe,
in der Gosche eine Kippe.

Doch des lässt mich alles kalt - wie mer is, so is mer halt!

Ein Tattoo am ganzen Körper,
stinken tut er wie ein Berber.
Saufen rafft ihn langsam hin,
die Birne voller Kokain.
Beim Schmarotzen isser fix,
nur von Arbeit hält er nix.

Doch des lässt mich alles kalt - wie mer is, so is mer halt!

SPIONE

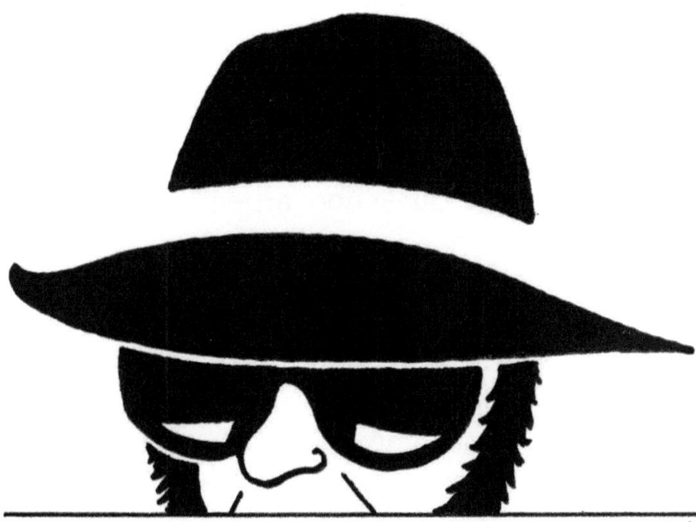

Wanzen

Neulich, in einem Appartement eines Berliner Spitzenhotels (welches aus verständlichen Gründen nicht genannt werden möchte): „Upps, du hast mich aber erschreckt!"

„Psssst!"

„Sag mal, was machst du denn da in der Ecke unter'm Bett?"

„Pssssssssst!"

„Warum machst du denn immer Pssssst?"

„Halt endlich dein Ma...haul!"

„Bist du bescheuert, warum soll ich denn still sein? Wer bist du denn überhaupt? So einen wie dich habe ich noch nie gesehen!"

„Sei bitte nicht so laut! Ich bin das neueste Modell AT-120 VOX und muss meine Mission erfüllen!"

„Ach so, du musst deine Mission erfüllen. Wer's glaubt! Ich denke, du bist nur eine faule Beamtenwanze, die sich vor der Arbeit drückt und chillend in der Gegend rumhängt."

„Bestimmt nicht! Ich arbeite!"

„Hach, was wirst du schon arbeiten. So aalglatt, wie du aussiehst."

„Ich lausche! Und das kann verdammt anstrengend sein!"

„So so! Und was lauscht du?"

„Ich lausche, was wichtige politische und andere prominente Persönlichkeiten sagen!"

„Wen hast du denn schon alles belauscht?"

„Ooch, von einer gewissen Frau Merkel bis zu einem Mister Obama schon so gut wie jeden."

„Das ist aber nicht sehr abwechslungsreich, oder?"

„Wie meinst du das?"

„Naja, beide sind schwarz und ziemlich maskulin."

„Kann ich nicht d'rüber lachen! Aber sag mal, was bist du überhaupt für eine flache Figur?"

„Ich bin eine cimex lectularius - eine gemeine Bettwanze. Ich stamme aus einer alten traditionsreichen Familie der Plattwanzen. Meine Vorfahren haben ganze Königshäuser blutleer gesaugt. Wir waren schon auf Napoleons Feldzügen und sogar bei den Todesschlachten im 2. Weltkrieg mit dabei!"

„Püh, du bist doch nicht etwa eine von diesen gefährlichen Naziwanzen? Einige meiner Vorfahren lebten während des Dritten Reiches im Reichstagsgebäude in Berlin und sind geschmolzen, als es niederbrannte."

„Nee nee, meine Vorfahren haben sie nur etwas blutleer gesaugt."

„Das ist sicher sehr interessant! Das möchte ich auch gerne können!"

„Bringe ich dir bei, wenn du willst. Hörst du, da kommt schon die Zielperson! Sobald sie das Licht ausschaltet, krabbelst du mir nach!"

„Hä? Wie... was... krabbeln?"

Eierbrikett

Emilie will sich ihr karges Frühstück mit einem köstlichen Spiegelei aufbessern. Sie hat ihren alten Küchenherd mit Papier und kleinen Holzscheiten angeheizt. Nach ein paar Minuten knistert und knackt es und Emilie spürt die wohlige Wärme, die vom Herd ausgeht. Nun legt sie noch ein paar Eierbriketts nach.

Sie zieht mit einer Eisenklammer die Ofenringe nach oben und schiebt diese zur Seite. So entsteht nach oben hin ein Loch, in das sie Holzkohlen oder andere Brennmittel einfüllen kann. Flammen züngeln heraus. Es sieht aus, als würde eine Horde rotglühender Teufelchen Fangen spielen.

Aus einem hohen Metallbehälter schüttet Emilie die Eierkohlen in die Ofenglut. Danach schiebt sie die Ringe mit der Eisenklammer zurück über die Öffnung, so dass eine glatte Ofenfläche entsteht. Darauf stellt sie eine Pfanne, in die sie einen Löffel voll Butter hinein streicht, und wartet, bis diese geschmolzen ist. Dann streut sie eine Prise Salz und etwas Pfeffer darauf, schlägt ein Ei auf und lässt den Inhalt in die Butter fallen. Ihr läuft das Wasser im Mund zusammen. Das wird ein köstliches Spiegelei werden.

Weil Emilie etwas kurzsichtig ist, hat sie auf der schwarzen Kochplatte ein Eierkohlenstück übersehen. Erschrocken schaut das aufgeschlagene Ei auf das runde Kohlenstück: „Wer bist du denn?“

Heiser brummelt das schwarze Teil: „Ich bin dein Vater!"

NSA

Ich weiß nicht, ob ihr's wisst -
wir werden beobachtet!

Ich sage nur NSA -
also diese Neugier-Spionier-Amis!

Ha, ha, ha, natürlich alles Quatsch!
Obwohl, wenn ich's mir recht überlege…

Nur ein Beispiel: Ich habe mir schon öfter was im Internet bestellt. Tagelang stehe ich dann am Fenster und warte auf den Paketdienst. Und nix kommt! Aber immer, wenn ich mir eine wohltuende Dusche gönne, klingelt es an der Haustür! Und jetzt frag ich euch, woher wissen die, wann ich unter der Dusche stehe?

Ich bin nun schlauer geworden! Jedesmal, wenn ich sehnsüchtig auf eine Sendung warte, dusche ich mich! Das Problem dabei ist, dass die Veregger immer nur kurz klingeln und dann sofort wieder weg rennen!

Neulich hab ich mir schnell einen Bademantel übergezogen, während ich zur Haustür gestürzt bin. Als ich die Tür aufmache, bricht der Paketdienstmann in schallendes Gelächter aus. Ich frage ihn, ob er noch nie einen Mann im Bademantel gesehen hat. „Das schon!", antwortet er, „Aber noch nie ein Ei im Knopfloch!"

Die NSA-Amis sind schon ein wenig blöd! Neulich ham' se verzweifelt einen gewissen Max Mustermann gesucht! Manchmal sind sie aber auch zu etwas nutze! Vergangene Woche hatte ich aus Versehen meine komplette Bildersammlung vom Computer gelöscht. Gottseidank hatten die Amis noch eine Sicherheitskopie davon! Ich weiß jetzt auch, warum es dreilagiges Klopapier gibt:

1. Lage = das Original
2. Lage = für die Regierung
3. Lage = für die NSA

Leute, ich sage euch, man kann heutzutage nicht vorsichtig genug sein! Zum Beispiel beim Kartoffelschälen: nie sollte man nackt Kartoffeln schälen! Auch die Kartoffeln haben Augen! Habt ihr das noch nicht bemerkt? Ich jedenfalls hab‘s neulich erst gelesen!

Ich bin heilfroh, dass ich schon so alt bin! Wer weiß, wie gläsern wir in zwanzig Jahren sind. Wahrscheinlich werden wir von der NSA angerufen, wenn wir unsere Unterhose falsch herum tragen. Wenn du dann sagst: „Wieso falsch herum? Der Eingriff ist doch vorne!“, dann antworten sie dir: „Das schon! Aber das Gelbe ist außen!“

Hoffentlich bin ich dann schon dement genug, um das zu begreifen!

PARTY

Unterhosenfete

Karl schreit: „Ich bin ein Puma!“

„Wie kommst du denn da drauf?“, lacht Hans.

„Steht auf meiner Unterhose!“, sagt Karl.

„Bin ich dann ein Schiesser?“, fragt Hans irritiert.

Bernd gesellt sich dazu und behauptet stolz: „Bei mir steht Hugo Boss drauf!“

Susi grinst: „Eigentlich dürfte bei dir höchstens Calvin Klein draufstehen!“

Petra meint: „Dann schon lieber Bruno Banani oder Palmers!“

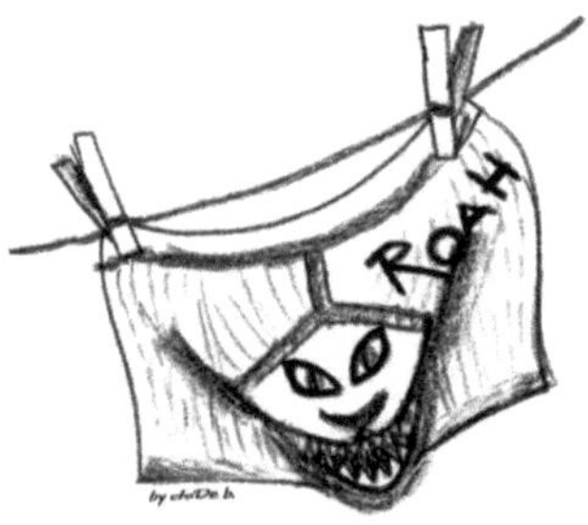

Susi sagt: „Und anstatt Hilfiger lieber Esprit oder Screwball.“

Peter kommt dazu und fragt kleinlaut: „Bin ich ein Angeber, wenn bei mir Triumph oder Stones drauf steht?“

„Nee“, sagt Petra, „komisch wäre, wenn Bob der Bär oder Goldfish drauf stehen würde!“

Sockenparty

„Tolle Party, gell?“

„Ja, sehr amüsant! Alle sind gekommen, Herrensocken und Damensocken.“

„Sogar die alten Silbersocken.“

„Ich bin vorhin vor dieser stinkigen Socke an der Strumpf-Bar geflüchtet. Sonst schmeckt mir mein Socktail nicht mehr.“

„Du meinst diese Käsesocke, die immer so angibt, weil sie

in der Ostfriesenklinik zur Narkose eingesetzt wird?"

„Ja, genau die! Die unterhält sich gerade mit dieser schmierigen Buttersocke."

„Dabei ist der doch mit einer OP-Socke verlobt."

„Er steht halt auf Blond."

„So eine weiße Tennissocke habe ich neulich auf dem Golfplatz getroffen. Hat mächtig mit der Golfsocke herumgealbert."

„Golfsocke?"

„Na die da drüben, die mit den 18 Löchern. Man munkelt, die beiden haben ein paar uneheliche Söckchen."

„Deswegen hat diese gestopfte Socke neulich ein paar Babysöckchen gekauft."

„Schau mal, die dort drüben. Wie furchtbar die sich heraus gebrezelt hat."

„Du meinst die gelb-schwarze Ringelsocke? Die sieht aus wie die Socke Maja."

„Und guck mal dort am Buffet, die gefräßige Wollsocke. Was die in sich hinein futtert! Kein Wunder, dass die so fett ist."

„Wenn das ihr Lebenspartner, die Skisocke, wüsste. Überhaupt, warum ist der heute nicht dabei?"

„Heute ist doch Abfahrtslauf am Sockenhang."

„Ach so. Oh, horch mal, die Orthopädischen Strümpfe spielen unser Lieblingslied *Sock around the Clock*. Wollen wir zusammen eine flotte Socke auf's Parkett legen?"

„Würde ich gerne, aber Dr. Stützstrumpf hat mir das Tanzen verboten."

„Hast du etwa Flusenfieber?"

„Nein, aber er hat mich neulich Tanzen sehen!"

„Ach, du Ärmste."

„Nicht so schlimm. Die da drüben, die mit Silikon Aufgespritzte, die kann auch nicht auf die Tanzfläche."

„Nun, das ist ja auch eine Anti-Rutsch-Socke, auch ABS-Socke genannt."

„Schau mal auf die Tanzfläche! Dass der sich noch hierher traut."

„Wen meinst du denn?"

„Den mit den Bildern an der Seite. Den hat die Kripo neulich festgenommen und verhört. Er soll Flusen geklaut haben."

„Und wie kamen sie auf den?"

„Das ist doch eine Motivsocke! Ziemlich pervers, ein Sockenfetischist."

„Der dort drüben hat sogar ein Opel-Zeichen an der Seite."

„Der ist in der Werbebranche tätig, eine sogenannte Werbesocke."

„Und wer ist diese rote Socke, mit der er tanzt?"

„Die ist in der Sozialstation tätig. Ist eigentlich eine irre Vollplüsch-Socke."

„Kennst du die Kurze da auf der Tanzfläche, die mit der Business-Socke tanzt?"

„Klar, das ist die Sneaker-Socke, also eine gewöhnliche Sommersocke."

„Warum sitzt denn die schwarze Socke dort drüben so einsam an der Bar und weint?"

„Schlimme Geschichte. Seine zweite Hälfte ist vor ein paar Wochen in der Waschmaschine zwischen Rand und Trommel gekommen und dabei zerfetzt worden. Jetzt ist er eine Single-Socke."

„Oh, das tut mir aber leid für ihn. Es muss schlimm sein, nicht mehr zu zweit zu sein."

„Ja, das ist es! Nun liegt er im Putzschrank und wird nur noch als Putzsocke verwendet."

„Furchtbar! Aber das kann jedem von uns passieren."

„Wir Socken haben es halt auch nicht leicht!"

Schlachtfest

Wenn der Metzger geht zur Ruh,
macht müde seine Äuglein zu,
erwacht die Wurst in seinem Laden,
und ist bereit zu Unsinns-Taten.

Sagt die Rotwurst zu dem Schinken:
„Du bringst Brötchen, ich das Trinken!
Und dann feiern wir heut Nacht,
bis der Meister früh erwacht!“

Alle sind sie eingeladen,
vom Presssack bis zum kalten Braten.
Sogar die dicke Mortadella,
von Italien ist sehr schnell da.

Nur die Leberwurst vergisst man,
wurde auch nicht vermisst dann,
weil sie schmierig ist und fett.
Sie weint nun in ihr kühles Bett.

Dann trinkt sie einen über den Durst,
und spielt die beleidigte Leberwurst!

Teufelsball

Das Höllenfeuer leuchtet grell,
tief unten ist heut Faschingsball.
Auf Satans Kopfe leuchtet‘s hell,
im unterirdischen Krawall.

Highway to Hell spielt die Kapelle,
bei den Teufeln ist das Kult.
Des Satans Kopfschmuck leuchtet helle,
als er am Glühweinfläschchen schnullt.

Auf einer Wolke sitzt ein Engel,
der weinend an der Harfe kaut.
Er ist tieftraurig, irgendwer
hat seinen Heiligenschein geklaut.

TOTE HOSE

Venedig

„Hey Karl, schön, dich zu treffen."

„Hallo Gustav. Na ja, so schön ist das nun auch wieder nicht."

„Wieso das?"

„Weil ich nun wieder an den Urlaub denke, den du uns empfohlen hast."

„Wart ihr denn mit der Unterkunft nicht zufrieden?"

„Doch!"

„Das ist doch schön!"

„Wie man's nimmt! Unser Zimmer hatte einen Blick auf den Hinterhof mit den Mülltonnen."

„Das ist natürlich nicht so schön!"

„Wir reklamierten und bekamen ein besseres Zimmer mit Blick auf den Canale Grande!"

„Das ist doch schön!"

„Eben nicht! Die Unterkunft war laut und der Kanal hat gemüffelt. Das Wasser im Main bei uns in Würzburg ist wesentlich sauberer!"

„Das ist natürlich nicht so schön!"

„Dafür war es ein Zimmer mit Balkon."

„Das ist doch schön!"

„Ne, ne, war nicht so toll. Der Balkon war gerade in Reparatur und abgeschraubt."

„Das ist natürlich nicht so schön!"

„War nicht so schlimm. Dafür konnten wir die Balkontüre ganz aufmachen, um die Hitze aus dem Zimmer herauszubekommen."

„Das ist doch schön!"

„So schön auch wieder nicht. Gudrun hatte beim Aufmachen vergessen, dass kein Balkon mehr befestigt war."

„Das ist natürlich nicht so schön!“

„Ich dachte mir, halb so wild, sie fällt ja weich ins erfrischende Wasser.“

„Das ist doch schön!“

„So schön nun auch wieder nicht. Gudrun schlug auf einer Gondelspitze auf.“

„Autsch! Das ist natürlich nicht so schön!“

„Na ja, was soll‘s! In Italien sind die Seebestattungen etwas günstiger.“

Bauernmalerei

Seit einer Stunde hockt SIE vor dem Spiegel. Wütend betritt ER den Raum.

„Du mit deiner ewigen Bauernmalerei! Wir hätten schon vor einer halben Stunde losfahren müssen! Die Kinovorstellung fängt in diesem Moment an.“

„Aber Liebling, ich bin doch noch lange nicht fertig.“

„Wieso fertig? Wir gehen doch nur ins Kinooooooo! Nicht in die Oooooooper!“

„Versäumen wir halt die Werbung, ist doch egal!“

„Wir versäumen sogar den Abspann, wenn wir nicht soooooofort aufbrechen.“

„Ich brauche aber noch ein halbes Stündchen für meine Lippenkonturen!“

Sein Kopf gleicht einem roten Luftballon kurz vor‘m Platzen. Dann fasst er sich ans Herz und fällt rücklings auf das Doppelbett.

Sie nur: „Hoppala!“

Er röchelt: „Bitte fahr mich in die Klinik, ich bekomme keine Luft mehr!“

„Sicher Schatz, sofort! Soll ich den blauen oder den violetten Lidschatten nehmen?"

Sein Röcheln wird intensiver.

„Sei doch nicht so ungeduldig, Schatz! Sag mir lieber, ob ich den roten oder den schwarzen Nagellack nehmen soll!"

Sein Röcheln empfindet sie allmählich als äußerst unangenehm. „Vielleicht doch lieber den Schwarzen!"

Mit letzter Kraft zieht er das Handy aus seiner Hosentasche und wählt die eins-eins-zwei. Der Notarzt kommt mit zwei Sanitätern.

„Bringt ihn schnell in den Wagen zum Defibrillator."

Die Sanitäter legen ihn auf die Trage.

„Halt! Warten Sie noch fünf Minuten, dann komme ich mit!", ruft sie den erstaunten Helfern zu. „Was meinen Sie? Soll ich das blaue oder das grüne Kleid anziehen?"

Inzwischen verdreht ihr Mann auf der Trage seine Augen und macht seinen letzten Atemzug.

„Gute Frau.", sagt der Sani, „ich glaube, Sie nehmen am besten das Schwarze."

„Danke!"

Sterbefall

Frank liegt im Sterbebett. Morgen ist sein sechzigster Geburtstag. Bevor er den Löffel abgibt ist es sein Herzenswunsch, seinen alten Schulkameraden Max noch einmal zu sehen. Beide waren über zehn Jahre unzertrennlich gewesen! Wie Siamesische Zwillinge! Ihre Streiche waren legendär! Max musste vor etwa vierzig Jahren beruflich nach Taiwan und ist dort hängen geblieben. Seitdem hatten sie nur gelegentlich schriftlichen Kontakt.

Am Morgen zu seinem Sechzigsten begrüßt ihn die Heimleiterin mit einem Blumenstrauß und einer Überraschung. Sie sagt ihm, er solle sich bitte nicht aufregen, aber vor der Türe warte jemand auf ihn!

„Ist es schon der Sensenmann?"

„Nein! Es ist Max Henselmann, Ihr alter Schulkamerad!"

Franks Herz beschleunigt sich von sechzig auf hundertzwanzig innerhalb von zwei Sekunden! Also schneller als ein Ferrari! Kaum ist sein Motor heiß gelaufen, grinst das vertraute Gesicht durch den Türspalt: „Na, alter Knochen! Was machst du denn für Sachen?"

Frank schielt zur Krankenschwester und mault: „Das siehst du doch! Gar nix mehr! Ich liege bloß faul herum und lass mich von meinem Personal verwöhnen!"

„Nun denn, dann hat sich ja nix geändert. Faulenzen konntest du schon immer sehr gut", flachst Max. „Aber Alter, erzähl doch mal wie es dir wirklich geht! Und was du die letzten vierzig Jahre so alles angestellt hast."

„Och, eigentlich ging's mir immer prächtig! Bis auf die letzten zwei Jährchen. Ich habe viel gefeiert. Vielleicht etwas zu viel Koks dabei erwischt! Und zu viel gesoffen und gequalmt! Bewegungsmuffel war ich ja schon immer. Weswegen ich mich lieber gerne stundenlang in der Sonne geröstet habe. War ein wunderbares Leben! Mit Wein, Weib und Gesang!"

„Was? Du hast Singen gelernt?"

„Ne! Ich hab Singen lassen! Als es mir noch gut ging. Dann, die letzten beiden Jahre, kam alles knochenhart! Schlag auf Schlag! Erst ein Herzinfärktchen! Dabei haben sie Diabetes festgestellt. Und vor etwa einem Jahr dann der Hammer! Ein Krebsle! Im unheilbaren Stadium! Die Ärzte streiten sich noch, ob das Mistvieh durch die schwarze Lunge, den fortgeschrittenen Darmpolypen oder die Sonnenflecken auf der Haut ausgelöst wurde! Nun wuchert das Zeugs in meinem ganzen Körper!“

Max schaut Frank mitleidig an und weiß gar nicht, was er sagen soll. Frank sieht seine Besorgnis und lenkt ihn ab: „Jetzt erzähl du doch mal, wie es dir so ergangen ist. Du siehst blendend aus. Noch alle Haare dran, alle Zähne drin, sportliche Figur, glatte Haut. Wie hast du das nur hin bekommen?“

„Gesunde Lebensweise! Habe ich von meiner taiwanesischen Frau gelernt! Die ist inzwischen schon 95 Jahre alt. Kein Alkohol, keine Zigaretten oder ähnliche Genussmittel, keine Rauschmittel, viel Schlaf, wenig Sex, nur grünen Tee! Und vor allen Dingen urgesundes Essen - Heuschrecken, Affenpenis, Mehlwürmer, gezüchtete Hunde und dazu nur Naturreis…!“

Entsetzt und mit allerletzter Kraft richtet sich Frank in seinem Sterbelager auf: „Was? So ein scheiß Leben? Mit so einen Schweinefraß? Ne! Dann sterb ich lieber!“

Deutschland
Land der Verbote und Verkehrsschilder

Wenn man viel auf Deutschlands Straßen unterwegs ist, stellt man schnell fest, dass das Land mit Verkehrsschildern vollgepflastert ist. Mir gehen diese unkreativen Zeichen auf den Sack und ich frage mich, ob man die Straßen nicht pfiffiger und damit sogar sicherer machen könnte, wenn man statt dieser hässlichen Schilder bunte Sprüche aufhängen würde. Zum Beispiel an Fußgängerüberwegen:

Einen Bund mit dem Tode knüpft,
wer nicht schnell zur Seite hüpft!

Hast du Oma überfahren
ärgerst du dich noch nach vielen Jahren!

Stress mit dem (Gegen)verkehr? Ab sofort geht's korrekt in die Einbahnstraße mit nachstehendem Hinweis:

Wer hier verkehrt verkehrt verkehrt!

Übrigens: Österreicher fahren hier immer durch, weil sie meinen, das wäre die österreichische Flagge; Schweizer maulen, weil sie den weißen Abwärtsstrich vermissen.

Besser beraten ist der belesene Verkehrsteilnehmer mit einem Reim anstelle eines Stoppschildes:

Wer hier nicht hält
verlässt die Welt!

Fängst du hier nicht an zu Stoppen
werden die Bullen dich verkloppen!

Obacht gebieten die Warnhinweise für *Gefahrenstelle* und *Wildwechsel*:

Passt du nicht auf,
gehst du bald drauf!

Der Sonntagsbraten schmecket fein,
hüpft dir ein Reh in´s Auto rein!

Es gibt Leute, die glauben immer noch, wenn sie das Schild *Wildwechsel* entdecken, gibt es in der nächsten Kneipe kostenlosen Kräuterlikör (Jägermeister).

Spritzige Verse ersetzen das Schild *Frauenparkplatz*:

Lässt du den Parkplatz nicht den Frauen,
werden sie dir in die Fresse hauen!

Parkst du Mann hier deinen Wagen,
werden Frauen dich zusammenschlagen!

Neulich ist einer bei seiner Führerscheinprüfung durchgerasselt, weil er ein Verkehrsschild falsch gedeutet hat. Er meinte, bei dem Schild *Überholverbot* nur rote Autos überholen zu dürfen. Den Sinn jenes Schildes merkt man sich einfacher mit einem kurzen, knackigem Spruch:

Hast du zu viel Kohlen,
kannst du hier überholen!

Die Idee mit den Sprüchen wird sicher nicht genehmigt werden, aber lustig wär's allemal! Oder?

HINTER VERSCHLOSSENEN TÜREN

Stinkig

Es ist stockdunkel und arschkalt.
„Du stinkst!“
„Ich?“
„Ja, du!“
„Nein!“
„Natürlich stinkst du!“
„Nein, das muss der Däne unter uns sein!“
„Was macht ein Däne unter uns?“
„Er stinkt!“
„Und du meinst wirklich, das ist der Däne, der stinkt?“
„Natürlich! Ist ja ein echter Däne.“
„Wieso stinken alle Dänen?“
„Ich glaube, nicht alle - fragen wir ihn doch einfach mal!“
„Hey, Däne da unten! Du stinkst!“
„He? Met ihr mis?“
„Armer Kerl, stinken tut er und einen Sprachfehler hat er auch noch!“
„Freilich meinen wir dich, sonst stinkt hier ja keiner!“
„Wer seid ia da oven?“
„Dumme Frage! Wir sind die Eier vom Meier! Ähh, ich meine vom Geflügelhof Meier!“
„Is ja lustis! Un was mach ihr da oven?“
„Mann, der ist ja noch dümmer als er stinkt! Wir friiiiieren!“
„Seid ihr aver Weicheier! Wo is her bin iss viiiiel kälder!“
„Und wo soll das sein?“
„Danmark, ganz nürdlis auf der Insel Sjælland. Dort hat man mis im Kloster Esrom gefertist.“
„Mag sein. Aber irgendwas ham se an dir versaut!“
„Was soll die versaut haven?“
„Du stinkst!!“

„Nei, nei, das muss so sei, das mögen die Leut, deswegen ham die mis sum Fressen gern!"

„Das meinst aber auch nur du! Wahrscheinlich liegst du nach Ostern immer noch hier unten und mutierst zum Schimmelkäse, während wir schon längst dekorativ gefärbt in unserem Nest verweilen!"

Inzwischen öffnet sich die Kühlschranktür, das Licht geht an. Ein Hauch Wärme streicht über die Eier. Eine Hand greift nach dem Dänen, nimmt ihn heraus. Die Tür schließt sich. Es ist stockdunkel und arschkalt. Betretenes Eier-Schweigen.

„Ach! So ist das! Du musst nur ordentlich stinken, dann wirst du auch vernascht!"

„Sei nicht so ungeduldig! Wenn wir noch ein paar Tage warten, dann stinken wir auch!"

„Und dann kommen wir aus diesem kalten dunklen Loch raus?"

„Ich - weiß - es - nicht - Lothar!"

„Na, dann schau mer mal, Franz!"

Hinter der Tür

Es ist schon spät, es ist schon Nacht,
ich beherrsche mich - wär doch gelacht!
Wenn ich 'nen schwachen Willen hätt,
hüpft ich schon längst aus meinem Bett.

Ich dreh mich um und schlafe ein,
und träume, dass ein heller Schein
mich schnurstracks aus dem Bette führe.
Nun steh ich ratlos vor 'ner Türe.

Ich klopfe an, ich schlage drauf,
doch niemand macht die Türe auf.
Die Tür bleibt zu, die Tür ist dicht,
So dass man draußen auch nichts riecht.

Hinter dieser weißen Türe,
da liegt mein Hüftgold, was ich führe.
Ich zieh sie auf, die Kühlschranktür
und nehm heraus mein Einschlafbier.

(Ich hab's dann mit ins Bett genommen -
die Frau hat gar nichts mitbekommen.)

Mein Zimmer

Der Schreibtisch ist zwar sehr geräumig,
doch aufgeräumt, das ist er nicht!
Weswegen meine liebe Gattin
des Öfteren laut mit mir spricht!

Dort steht meine alte Schreibmaschine,
auf der ich manchmal tippe.
Daneben steht ein Gläschen Bier,
an dem ich manchmal nippe.

Ein Lexikon steht auch noch da,
in das ich manchmal schaue.
Daneben liegt ein schwarzes Kissen,
auf den ich Stempel haue.

Ein Bonsaibäumchen steht daneben,
das erfreut mich immer!
Ich hätte gern ‘nen großen Baum,
doch der passt nicht ins Zimmer!

Und wär das Zimmer aufgeräumt,
sähe es zwar schöner aus,
doch fühlte ich mich nicht mehr wohl,
denn so ist´s mein Zuhaus!

Verflixte Türe

Ach, Herr Doktor, welche Plage!
Nun träume ich schon vierzehn Tage
diesen schrecklich bösen Traum -
einzuschlafen wag ich kaum!

Eine Gestalt groß wie ein Bär,
ist mit 'nem Messer hinter mir her!
Schrecklich fürcht ich mich davor,
renne zu dem Ausgangstor!

Dieses Tor, das ist die Tücke,
öffnet nicht, so sehr ich drücke!
Immer näher kommt der Große
und ich drücke, trample, stoße!

Doc, ich glaub, ich bin nicht dicht,
weil die Tür nun mit mir spricht!
Mein Herz schlägt bis zur Decke rauf,
nass vor Schweiß wach ich dann auf!

Der Doktor spricht: „Guter Mann,
gehen wir's mal logisch an!
Denken Sie ganz ruhig nach,
was die Stimme zu Ihnen sprach!"

Ach, Herr Doktor, diese schlimme
gruselige Horrorstimme
dieser Türe schreit mir zu:
Depp, nicht drücken - ziehen musst du!

Ein trauriges Gedicht
über fränkischen Humor

Der Schorsch, der geht mit seiner Ella
zum Lachen in den Luftschutzkella.

Igittigitt - sowas wie Humor
das kommt bei denen gar nicht vor!
Frohsinn - ach du meine Güte,
das kommt ja gar nicht in die Tüte!
Bevor sie von einem Scherz verschreckt,
da sind sie lange schon verreckt!

D'rum stirbt der Schorsch mit seiner Ella
auch drunten in ihr'm Luftschutzkella.

Kalorien

Nächtliches Gekreische im Kleiderschrank von Rainer: „Pass doch auf, wo du mit deiner Nadel hinstichst!"

„T'schuldigung, ich war gerade in Gedanken. Aber sag mal, hast du das auch gelesen? Die wollen demnächst hier in der Nähe ein neues Kalorienschlachthaus aufmachen."

„Kalorienschlachthaus?"

„Naja, du weißt schon, die nennen das ein Fitnesscenter."

„Oh nein, bitte nicht! Das sollte man boykottieren und am besten eine Kalorienbombe hineinwerfen!"

„Tja, wir haben es wirklich nicht leicht. Ein furchtbarer Stress ist das, jede Nacht diese vielen Kleider, Hemden, Blusen und Hosen enger zu nähen. Das geht einem langsam auf den Keks."

„Vielleicht sollten wir die Leute doch mal in so ein Schlachthaus schicken?"

„Bist du verrückt? Damit wir unseren Job bald los sind? Außerdem haben wir schon genug Sorgen mit unserem Sohn Joule. Weil er sich mit so einer kiwigrünen Vitaminschlampe eingelassen hat."

„Du hast Recht, das kann tödlich enden. Sex verbraucht Kalorien, sagt man."

„Verstehe ich nicht. Die Nachbarin hatte neulich Sex und trotzdem ein Bäuchlein bekommen!"

„Vitamine sollen gesund sein. Dafür schmecken Kalorien besser!"

„Man sagt so viel. Zum Beispiel, dass Sex so viel verbraucht wie fünf Kilometer Joggen. So ein Quark! Als wenn man in dreißig Sekunden fünf Kilometer laufen könnte!"

U.F.O ÜBER HÄTZFELD

Ufo über Hätzfeld

Herrlichster Sonnenschein. Plötzlich verdunkelt sich der Himmel am südlichsten Zipfel Würzburgs.

„Georch! Saach emal, is des da oben ä Ufo?“

„Drudl, Drudl! Du spinnst wohl e weng! Ä Ufo über Hätzfeld!“

„Du, des sieht aber genauso aus!“

„Des is ne große dunkle Wolge, sonst nix!“

„Glotz doch hie! Jetz geht'n Biemerstrahl nunner zu Erde, direkt über‘n Rundell von der Audobahnraststädde!“

„Du Dödl, des is doch‘n Strahl von der Sonn!“

„Do! Do, schau hie! Jetz blinkt des Viech a noch!“

„Menschenskinner, des is doch die Sonn!“

„Die Sonn kann doch net blink! Die kann doch nur schein!“

„Na, dann blinkt se heut halt emal! Lasse doch einfach emal blink!“

Eine halbe Stunde später auf der Heidingsfelder Terrasse: „Jetz is immer noch die blöde Wolge da!“

„Hör jetz bloß uff mit deim Ufoschmarrn!“

Es klingelt an der Haustür. Trude öffnet. Georg hört sie von der Terrasse her reden. Einige Minuten später kommt sie zurück.

„Wer war des?“

„Hab ich a noch net gsehn. A klenns Männle, so ennsfuffzich groß, blaugrün angemalt, piepsiche Stimme. Hat am Kopf so Fühlerli g‘habt, die

ham geblinkt!“

„Hä? Und wos hatter gewollt?“

„Er hat gfraachd, ob mer Dreibstoff ham. Dass er weiterfliech kann!“

„Und? Was haste dann gemacht?“

„Ich hab’n e weng von dere Bohnensubbe, die heut Middach übrich geblieben is, in a Dubberschüssl nei gfüllt. Hättst emal seh müss, wie der fröhlich geblingt hat, bevor der wieder abgezischt is!“

Bis weit ins Städtle hinein hört man, wie Georg auf dem harten Terrassenboden aufschlägt.

Manöverschaden

„Hier Stadtverwaltung Würzburg, Bürgeramt, Knall!“

„He! Sie wollen mich jetz aber net veräbbln, odder?“

„Wer sind Sie und warum soll ich Sie veräppeln wollen?“

„Na, weechen dem Gnall!“

„Tut mir leid, mein Herr. So heiße ich eben. Wen habe ich denn in der Leitung?“

„In welcher Leid…? Ach sooo! Mei Name is Huberbauer aus Hätzfeld!“

„Herr Huberbauer, kommen Sie bitte auf den Punkt! Was kann ich für Sie tun?“

„Bin ich bei Ihne richdich, um ‘nen Manöverschadn aazumeldn?“

„Ja, für Manöverschäden sind wir zuständig!“

„Wissn Se, Herr Gnall, die Sach is die! Ich hab a grooooo-ßes Zuggarübnäckerle Richdung Gieblstadd hinne naus. Da wo doch grad des Manöver stattfinden tut!“

„Nun sagen Sie mir doch bitte endlich, was Sie wollen!“

„No ja. Ich bin heut echt erschroggn, als da'n paar von denne Soldadn mit ihre bechschwarz aagemalten Gsichter aufgedauchd sin und rumgebrüllt ham! Da habbi mir erscht mal gar nix dabei gedacht!"

„Ja, reden Sie nur weiter, Herr Huberbauer aus Hätzfeld!"

„Plötzlich sin mindestens zwanzich Panzer aufgedaucht und ham mei ganze Zuggarübenernte zamm gewaltzt. Des is'n Schadn von mindestens fuffzichdausend Euros. Herr Gnall, wann kanni denn middere Endschädichung rechnen?"

„Lieber Herr Huberbauer. Leider muss ich Ihnen mitteilen, dass wir Ihnen keinen Cent Entschädigung zahlen werden!"

„Des derf doch net wahr sei!"

„Doch, Herr Huberbauer! Das darf wahr sein!"

„Herr Gnall, des müsse Se mir jetz abber erglär!"

„Herr Huberbauer, da gibt es nichts zu erklären! Das Manöver fängt nämlich erst morgen an!"

Stillschweigen!

„No ja, wenn des so is! Dann ruf ich Sie hald übermorchn widder an! Ade, Herr Gnall!"

Die drei schlimmsten Dinge, die einem Mann passieren können: Job weg - Frau weg - Kratzer im Auto! Doch da gibt es etwas, was für einen Mann noch tausend Mal schlimmer ist:

Hose käff

Mei Frau sechd neulich, dass i derf
mir jetz a neue Hose käff!
Middere geh i wech'n der Hose
zum Kaufhof in die Schönbornstroße.

Mei Frau leechd mir zwä Hos'n hie,
ich nemm sie mit in die Kabin,
und kriech glei so nen Schreck,
bleggend werf i die Hose weg,
steht neben mir ne Wildsau drin,
bis i merk, dass i des selber im Spiechl bin.

Allmächt, hab ich so zugenomm?
Odder is die Kabine enger worrn?
Hat die Hos so a dick's Futter?
Odder warum is des so a Gschudder?
Vor lauter Gewürch schwitz i wie blöd -
nänä, die Hos, die bassd mer net!

Die zweite Hos, die bassd genau,
froh geh i naus zu meiner Frau,
Frääle, die lass i heut glei o,
da sächd sie, lieber guder Mo,
ich wess, dass du a
Dödl bist,
merkst net, dass des dei Alde is?!

Des is mir wurscht, ich schwitz wie Sau,
fahr hemm nach Hätzfeld mit der Frau.
Männer wie ich wisse ganz g'wiss,
dass Hos'n käff des Schlimmste is!

Das Zäpfchen

Eine Frau schleicht in die Apotheke.

„Was hätten sie denn gerne?", fragt die Apothekerin.

Die Frau errötet und stammelt: „Nun, ja, ähem... eigentlich, äääähm... eigentlich hätte ich gerne keine Schmerzen mehr!"

Die Apothekerin hakt nach: „Wo tut's denn weh?"

„Hinten!"

„Wo hinten?"

„Na eben hinten - am Allerwertesten."

„Ach du meine Güte! Sind Sie zu lange Fahrrad gefahren? Oder geritten?"

Die Frau errötet noch mehr und flötet: „Ach, vom Reiten ist das sicher nicht. Ich hab mich auf einen kalten Stein gesetzt."

„Also, Frau Stein, ääh, ich meine, gute Frau, dann haben Sie wohl Hämorrhoiden?"

„Ich glaub schon. Haben Sie da was für mich?"

„Dafür gibt es sehr gute Zäpfchen."

„Nein danke! Von Zäpfchen halte ich gar nichts. Die haben mir letztes Mal überhaupt nicht geholfen. Außerdem schmecken die wirklich furchtbar!"

„Gute Frau! Die müssen sie einführen, nicht essen!"

„Ach so. Hm, tut das nicht erst recht sehr weh?"

„Nein, wir haben neue Zäpfchen, die sind butterweich! Außerdem haben wir noch Zäpfchen für Kinder."

„Nein danke! Von diesen Quälgeistern habe ich bereits drei Stück!"

Die Apothekerin kramt in ihrem Giftschrank. „Nun, ich kann Ihnen Bio-Zäpfchen anbieten, die sind biologisch abbaubar!"

„Das ist ja prima, die nehm ich! Wenn man wo was reinsteckt, will man ja auch, dass was Gutes dabei rauskommt!"

„Möchten Sie eine Hunderter-Packung? So sparen Sie im Vergleich zur Zehnerpackung ganze zehn Cent.“

„Nein, ich hätte gerne ein Stück to go!“

Die Apothekerin will unbedingt eine Service-Zusatzleistung verkaufen: „Haben wir auch, das könnte ich Ihnen gleich hinten reinstecken!"

„Nein danke, das macht mein Mann. Der ist Jäger.“

Die Apothekerin schaut verdutzt: „Das müssen Sie mir jetzt aber erklären!“

„Nun, er steckt Patronen, die so ähnlich wie diese Zäpfchen aussehen, auch immer äußerst professionell in sein Jagdgewehr.“

„Gut! Sie sollten aber aufpassen, dass er nicht aus Versehen die Patrone mit dem Zäpfchen verwechselt. Sonst ist Ihr Mann enttäuscht, wenn er keinen Hasen trifft und Sie am nächsten Morgen die Kloschüssel sprengen."

ÜBERFLIEGER

Traum vom Fliegen

Mutter und Tochter. Beide liegen im Gras unter einem Schatten spendenden Obstbaum und lesen ein Buch.

„Mutti?"

„Kind, was hast du auf dem Herzen?"

„Mutti, wann kann ich endlich fliegen?"

„Wie - fliegen?"

„Na, in der Luft und so."

Mutter schaut die Tochter mit aufgerissenen Augen an.

„Liebe Tochter, ich befürchte, du wirst nie fliegen können."

Tochter heult.

„Warum flennst du denn?"

„Weil du sagst, dass ich nie fliegen kann."

„Du weißt doch genau, solche wie wir können nicht fliegen. Wir fallen höchstens vom Baum."

„In dem Buch fliegt aber eine wie wir von Baum zu Baum. Warum kann ich das nicht?"

„In welchem Buch steht denn solch ein stielverbrannter Irrsinn?"

„Na, in diesem Buch! Das habe ich von dir zum Geburtstag geschenkt bekommen."

„Zeig mal her!"

Tochter reicht Buch zur Mutter. Mutter schaut auf den Titel des Buches. „Liebes Kind, wir gehen morgen früh sofort zum Optiker."

„Zum Optiker?"

„Ja Kind. Du brauchst dringend eine Brille!"

Kind schreit: „Um Himmels Willen, eine Birne mit Brille! Da seh ich ja aus wie dieser dicke Bolli, äh, ich meine, dieser Politiker, dieser Altbundeskanzler. Ach, du weißt schon, dieses rollende Blähgemüse eben!"

„Keine Angst, mein Kind. Um so auszusehen müsstest du jeden Tag zwei Pfälzer Saumagen essen und vier Zentner zulegen."

„Trotzdem, eine Brille ist sowas von hässlich. Bitte Mama, warum soll ich so ein scheußliches Nasenfahrrad tragen?"

„Ich sage es dir mein Kind: Weil das Buch „*Biene* Maja" heißt - und nicht „*Birne* Maja"!"

Schutzengel

Neulich in der himmlischen Kantine.

„Hi Arielle!“

„Hi Daniel! Na, auch ein Päuschen machen?“

„Ja, habe ich mir redlich verdient.“

„Du schaust auch abgekämpft aus.“

„Mann, einer meiner Klienten ist so was von stressig. Heute morgen fing es damit an, dass er sich mit dem Brotmesser geschnitten hat. Ich konnte gerade noch seinen Zeigefinger retten. Hoffentlich tut es ordentlich weh, damit er in Zukunft etwas vorsichtiger ist.“

„Du bist aber sadistisch drauf!“

„Wenn du wüsstest, was ich mit dem heute alles erlebt habe. Zuerst trödelt er rum. Dann rast er in seinem Auto mit hundert Sachen durch die Stadt, um rechtzeitig im Büro zu sein. Hab geschwitzt wie ein Ochse auf dem Oktoberfest-Drehspieß, als ich ihm nachgeflogen bin. Dann schüttet der Depp seine volle Kaffeetasse über sein neues weißes Hemd. Ich konnte ihn gerade noch davon abhalten, vor Wut seine Tasse in den Computerbildschirm zu schleudern.“

„Wie hast du das denn geschafft?“

„Aber Arielle, das haben wir doch auf der Engelsfachhochschule gelernt - Trick 6966! Ich habe ihm zufällig die geile Susi ins Büro geschickt! Die hat ihm angeboten, das Hemd im Klo wieder sauber zu waschen.“

Arielle lacht so herzhaft, dass sich eine Flaumfeder von ihrem rechten Flügel löst und langsam zu Boden schwebt.

„Originelle Idee, den Trick 6966 anzuwenden, aber nicht neu. Tja, da sieht man wieder mal, wie schwanzgesteuert die Erdmännchen doch sind.“

„Dann kommt ihm die Idee, sie abends in die Airport-Disko einzuladen. Er fährt also nach Büroschluss wie ein Irrer zu sich nach Hause, dass ich beim Nachfliegen fast einen Herzkasper bekomme. Kaum hat er sich frisch gemacht und umgezogen, hechtet er in den Supermarkt, kauft sich ein Päckchen Lümmeltüten und rast weiter in die Disko. Meine Fresse, davon hab ich einen mords Muskelkater in den Flügelgelenken."

Sie streicht ihm mitleidig über seine Federn. „Daniel, du hast recht. Wir sind schon arm dran. Wir müssten für solche Aktionen Flügelabnutzungszulagen bekommen."

„Das ist noch nicht alles. Kaum ist er in der Disko angekommen, schüttet er literweise alkoholische Getränke in sich rein. Pina Colada, Rum Cola, Wodka O-Saft, Wodka mit Energy Drinks und solch modernes Zeug."

„Tss, tss... als ob man *davon* Flügel bekäme."

„Na ja, Flügel wuchsen ihm nicht. Dafür konnte er sein Essen nochmal anschauen."

„Igitt! So eine Sauerei."

„Später im Auto hat er dann mit der Susi *gemenschelt*. Um Schlimmeres zu verhindern habe ich ihn an seinen Einkauf im Supermarkt erinnert."

„Wie hast du das angestellt?"

„Ihm fiel es ein, als er ihre Silikonteile in die Hände nahm. Dann gab es wieder Stress, weil er sie schlangenlinienförmig heimbrachte."

„Und? Ist er selber gut heimgekommen?"

„Er schon - sein Wagen nicht. Wie aus dem Nichts ist plötzlich ein Betonreh vor ihm aufgetaucht, das die Straße überqueren wollte. Den Totalschaden wird er erst morgen früh bemerken - falls er wieder aufwacht."

„Du, mal etwas anderes. Am zweiten Oktober ist doch das traditionelle Schutzengelfest. Würdest du mich dorthin begleiten? Ich gebe dir auch ein Tässchen Met aus."

„Aber nicht, dass du danach wieder nicht aufpasst!"

„Wie meinst du das denn?"

„Na wie neulich, als diese evangelische Bischöfin, auf die du aufpassen solltest, stockbesoffen einen Unfall verursacht hat."

„Erinnere mich bloß nicht daran. Der Bärtige hat mich dafür im Headquarter zur Sau gemacht und mir eine Abmahnung verpasst. Wenn das nochmals vorkommt, werde ich strafversetzt und muss Wolken putzen oder auf einen katholischen Priester aufpassen."

„Ach du Schande, das wäre ja Höchststrafe!"

„Das kannst du laut sagen. Die fingern doch alle Augenblicke an einer Haushälterin oder irgendwelchen Kindern herum. Da musst du höllisch aufpassen, dass dies nicht publik wird und in dieser Blut-Zeitung steht."

„Ja, ja, heutzutage hat man es nicht leicht in unserem Job."

„Wer von uns hätte vor ein paar hundert Jahren daran gedacht, dass wir Schutzengel wegen Personalmangels einmal auf mehrere Personen gleichzeitig aufpassen müssen."

„Da konnte selbst die Engelgewerkschaft nichts dagegen unternehmen."

Ein unangenehmes Geräusch stört die Unterhaltung.

„Himmlische Scheiße! Was ist denn jetzt schon wieder los? Mein Piepser meldet Alarm! Kann man denn nicht mal in Ruhe ein Kaffeepäuschen machen?"

„Was gibt es denn?"

„Ach, einer meiner Klienten ist größenwahnsinnig geworden. Er nennt sich auch noch wie unser Abteilungsleiter - Gabriel! Dieser Gabriel stopft alles Essbare in sich hinein. Bald kann man ihn kugeln. Außerdem hat er die Wahnvorstellung, in der deutschen Regierung mitzumischen. Unsere Angie hat es doch so schon nicht leicht mit ihrem Personal."

„Ist ja irre! Da musst du natürlich sofort eingreifen."

„Ich flieg gleich los. Denk an das Fest, ich hole dich am zweiten Oktober auf deiner Wolke sieben ab. Ich blitze und donnere zweimal. Grüß Gott, Arielle!"

„Wenn ich ihn sehe. Bis bald lieber Daniel und pass auf, dass dir dein Klient nicht platzt!"

Ba Ba Banküberfall

Normalerweise lässt er sich gerne auf dem Rücksitz einer großen Limousine durch die Gegend chauffieren. Wenn der silberne Wagen nur nicht so komische Streifen und diese seltsamen blauen Lichter auf dem Dach hätte. Und wieso sind diese metallischen Armreifen in der Mitte zusammengekettet? Da kann er gar nicht anständig in der Nase popeln. Er grübelt, was er wohl falsch gemacht haben könnte. Dabei war doch alles so gut vorbereitet.

Obwohl ihn der Mann in der blauen Uniform, der neben ihm sitzt, grimmig anschaut, fragt er ihn, ob er ihm einen guten Rat geben kann.

„Also gut, mein Lieber. Weil du ein blutiger Anfänger bist und noch viel lernen musst, bevor du ein anständiger Bandit wirst, gebe ich dir folgende Ratschläge:

Erstens: man ruft nicht *Mein Name ist Bernd Meier und ich überfalle gerade eine Bank!*, sondern *Geld her, dies ist ein Überfall!*

Zweitens: man bedroht mit seiner Pistole den Bankangestellten. Man hält sich die Knarre nicht selbst an die Stirn und ruft auch nicht *Gebt gefälligst die Kohle her, sonst schieße ich!*

Drittens: man kauft sich eine richtige Pistole. Zum Beispiel in der Russenmafia-Szene! Keine orangefarbene Wasserpistole aus dem Kaufhaus.

Keine Sorge mein Lieber. Nach meiner Erfahrung und meinen Ratschlägen machst du das beim nächsten Mal bestimmt besser. Wenn du möchtest werde ich dich coachen. Aber sag mal, warum stinkst du denn so?“

„Das war so: mein Nylonstrumpf, den ich mir über den Kopf gezogen habe, hatte eine Laufmasche. Das habe ich erst kurz vor der Bank bemerkt. In einem Papierkorb habe ich eine schwarze Tüte gefunden. Also habe ich die Strumpfhose in den Abfall geworfen, die Tüte über den Kopf gezogen und zwei Augenlöcher reingerissen. Leider habe ich zu spät bemerkt, dass es eine volle Hundetüte war."

Der Polizist schüttelt den Kopf: „Es gibt schon merkwürdige Geschichten. Neulich hat eine nackte Frau eine Bank überfallen. Keiner konnte sich an ihr Gesicht erinnern.

Und in einer Schweizer Bank gab es eine Tote, als der Bankräuber rief: *Händli ins Lüftli, des is ein Überfälli!* Die Dame hinter'm Schalter hat sich totgelacht.

Ein anderer rief: *Her mit den Kohlen!* Er musste ohne Beute gehen, die Bank heizt nämlich schon seit Jahren mit Gas."

Der Bankräuber ist erfreut: „Also gibt es doch noch Blödere wie mich!"

BLAUMANN UND DAS FLIEGENDE GRAUEN

TAUSENDE MALE HATTE ER DIESE PROZEDUR SCHON AUSGEFÜHRT. DOCH HM SPÜRTE, DASS ER MIT SEINEN 2000 JAHREN NICHT MEHR DER JÜNGSTE WAR... SEINE BEISSER WAREN STUMPF UND EXTREM WACKELIG. VON DEN BRÜCHIGEN KNOCHEN GANZ ZU SCHWEIGEN...
HM, LECKER, ANGSTSCHWEISS GEPAART MIT LAVENDEL! LECHZ!
SIE HATTEN IHM EWIGE JUGEND VERSPROCHEN! DESWEGEN HAT ER SICH IHNEN ANGESCHLOSSEN. SEIN ECHTER VATER HAT IHN VERSTOSSEN. SEINE MUTTER UND SEIN STIEFVATER STÜRZTEN SICH VON DER KLIPPE. IHRE EINZELTEILE HAT ER IN DER NÄHE VON JERUSALEM BESTATTET!
0:59
BÖRRPS
by cloDe b.

ANOTHER ONE BITES THE NECK... BS.. BS.. BS...
VOR 27 JAHREN, ALS ER SICH MIT EINEM BANDMITGLIED DER FEMININ KINGS EINGELASSEN HATTE, BEGANN DER ALTERUNGSPROZESS. DIESES VIRUS ZWANG IHN, SEIN VERSUCHTES BLUT SO OFT WIE MÖGLICH ZU VERDÜNNEN!
KLONK
HOPPALA
DOCH IN DIESER DOMSTADT AM MAIN, IN DER ER SICH NIEDERGELASSEN HATTE, WIMMELTE ES VON PARTYWÜTIGEN STUDENTEN UND SCHOPPENFETZERN, DEREN BLUT NICHT NUR SÄTTIGEND WIRKTE...
IHRE ROUTE WIRD BERECHNET
by cloDe b.

AM NÄCHSTEN MORGEN...
... KOMMISSAR BLAUMANN ERSCHEINT IM MORDZIMMER – SAMT ASSISTENTIN...
SIEHT EHER NACH EINER HAIATTACKE ALS NACH EINEM MESSERSTICH AUS...
DAS GLAUB ICH NICHT, DASS DIE SO PERVERS WAR UND MIT SO EINEM GROSSEN FISCH INS BETT GEHT!
DR. GRÜNSPAN, LEITER DER SPURENSICHERUNG, IST BEREITS EIFRIG AM WERKELN
SCHON DAS DRITTE MAL IN DREI TAGEN, DASS DAS OPFER VERHÄLTNISMÄSSIG WENIG BLUT INS KISSEN VERLOREN HAT, ABER SELBST FAST VÖLLIG BLUTLEER IST...
... TATZEIT WIEDER ZWISCHEN NULL UND EIN UHR. BISHER KONNTEN WIR WIE BEI DEN ANDEREN ZWEI FÄLLEN KEINE FREMDEN FINGERABDRÜCKE ODER SONSTIGE VERWERTBARE SPUREN NACHWEISEN.
HMM... WAR DAS SCHON OFFEN, ALS IHR EINGETROFFEN SEID?
MAU!
PLÖTZLICH WIRD BLAUMANN'S ASSISTENTIN AUF DAS OFFEN STEHENDE FENSTER AUFMERKSAM
BLOSS WEIL IHR LAUFENDER WISCHMOPP AM FENSTER JAULT HEISST DAS NICHT, DASS WIR UNSERE ARBEIT VERNACHLÄSSIGEN!
DAS IST EINE HOCHINTELLIGENTE POLIZEIKATZE!! WENN DIE ANSCHLÄGT HAT DIE STUND GESCHLAGEN!!!
HMM..... DA KLEBT TATSÄCHLICH BLUT AUSSEN AM SIMS. WIE DAS WOHL DAHIN KOMMT? IM DRITTEN STOCK?
HA HA HA! WAR WOHL EIN FLIEGENDER TÄTER, WAS? WOMÖGLICH NOCH EIN VAMPIR HUH HUH HUH! BLONDIE – WIR GEHEN! UND IHR – MACHT EURE ARBEIT GESCHEIT SONST RAUCHTS!
by cloDe b.

Der besondere Film
DRACULA und die schwarze Nonne
FEIERABEND - BEI EINEM KÜHLEN BLONDEN UND INTELLIGENZ-TV...
MAU
SCHON DER DRITTE TOTE UND BLUTLEERE STUDENT... UND NICHT DIE GERINGSTE SPUR...
MAU
DAS HEISST "HUNGER" - DU DEPP!
RAVIOLI
DER SCHLÄGT HEUTE NACHT WIEDER ZU - ICH HABS IM URIN! ESSEN MUSS WARTEN! AUF ZUM ABEND-GASSI, BLONDIE!
BLONDIE
KCHRR
by cloDe b.
PUHH
BLONDIE
DAS NEUE TEIL STEHT DIR AUSGESPROCHEN GUT! ES HARMONIERT PERFEKT MIT DEINER NASENFARBE!
DÄMLICHER SCHMARRKOPF...

KURZE ZEIT SPÄTER AM STUDENTENWOHNHEIM...
FLEDERMAUS SYNDROM?!
HOFBRÄU SYNDROM?!
NTSS NTS NTSS NTS BUMMAM TSCHICK
BLAUMANN INSPIZIERT DEN EINGANGSBEREICH UND BEMERKT DEN HEIMLICHEN BEOBACHTER SOFORT...
Ssch!
FLOSSEN HOCH!
HALT! ICH BIN'S DEIN KUMPEL HANNES...
by doDe b.

PLÖTZLICH...
AB MORGEN HÖR ICH AUF ZU SAUFEN!
HEY! FINGER WEG VON MEINER KOLLEGIN!
KOLLEGIN? WO?! LECHZ GIER GEIFER
MAU
FLAP FLAP
BAM!
UPS... DANEBEN
WIR MÜSSEN HANDELN... GL... DAS GLAUBT UNS KEIN MENSCH! GL GL GL...
FÜR NE KISTE BIER MACH ICH MIT!
VIER STUNDEN SPÄTER
04:59
OSTEND
HAST DU ALLES DABEI?
KLAR! WURST, KÄSE, SENF, BROT GESCHNITTEN
ZWEI DEPPEN AUF DEM WEG ZUR HÖLLE...
DU STINKST!
KNOBLAUCH VERDÜNNT DAS BLUT UND VERLÄNGERT DAS LEBEN
by cloDe b.

KNACK
HILF MIR ICH STECK FEST! ICH KRIEG KEINE LUFT MEHR!
...DOCH DIE TÜR KLEMMT
WUNDERT MICH NICHT, DASS DU KEINE FRAU HAST, WENN DU DAS IMMER SO MACHST...
...UND MIR IMMER DAS DOSENFUTTER WEGFRISST!
DANK HANNES' GEWICHT IST DIE TÜR FÜR IHN KEIN HINDERNIS!
DOCH DAS NÄCHSTE STEHT SCHON BEVOR...
KNARR
NA TOLL! WEGEN EIN PAAR ALTER MÖBEL MUSS ICH AUF MEINEN SCHÖNHEITSSCHLAF VERZICHTEN...
DAS GIBT ES DOCH NICHT. ICH WEISS DOCH, WAS ICH GESEHEN HABE!
by cloDe b.
DU HAST ZUVIEL BIER GESOFFEN MEIN FREUND
RÖCHEL
BLAUMANN REICHT ES! DER HANDWERKER IN IHM ERWACHT. ER SCHLÄGT ZU...
MATSCH!
AARG

KAWUMM
WAR DES DER COPPERFIELD?
MIR EGAL! HAUPTSACHE ER HAT SCHNAPS IM KÜHLSCHRANK
ICH GÖNN' MIR LIEBER NE LECKERE FLEDERMAUS
AM. MITTAG BEIM FEIERABENDBIER
UND? WAS SCHREIBST DU IN DEN BERICHT?
NIX! KOMMT SOWIESO ZU DEN UNERLEDIGTEN AKTEN! DAS BEREITET MIR AUCH KEINE SORGEN...
... DASS ICH SCHON WIEDER NICHT BEFÖRDERT WERDE, OBWOHL ICH DEN FALL GELÖST HABE. ABER SO WIE DER AUSGESEHEN HAT, IST DAS DER, DEN SIE VOR 2000 JAHREN ANS KREUZ GENAGELT HABEN! NACH SEINEM TOD HAT ER WOHL DIE SEITEN GEWECHSELT. KUMMER MACHEN MIR DIE ARMEN SEELEN, DIE NUN VORM JÜNGSTEN GERICHT VERGEBLICH AUF DEN HEILAND WARTEN...
MACH DICH VERRÜCKT... TRINK LIEBER NOCH EIN PAAR BLONDE, DANN IST DIR ALLES SOWAS VON WURSCHT!!
DOOF BRÄU STÜBERL
THE LADY IS A VAMP
by claDe b.
ENDE?

VIECHEREIEN

Von kleinen grünen und großen weißen Viechern

„Hey Paul, du alte Kaulquappe! Wo hüpfst du denn hin?“

„Hallo Reiner. Ich hopse gerade in die Frosch-Schule.“

„Wie, was? Wohin? In die Frosch-Schule?“

„Naja, ich will in meinem Leben nicht so vor mich hin tümpeln. Sondern mich weiterbilden!“

„Aha! Und was lernst du dort?“

„Zum Beispiel, bei welchem Wetter man auf welcher Leitersprosse sitzen muss. Falls man ein Wetterfrosch werden möchte. Oder wie man am schnellsten Fliegen mit der Zunge fängt. Oder wie man eine Prinzessin richtig küsst. Aber Reiner, sag mal, wie siehst du überhaupt aus? Warum hast du diesen komischen Verband um den Kopf und hüpfst auf Krücken daher?“

„Oh weh, erinnere mich nicht daran. Vorgestern habe ich etwas zu viel Beerenwein getrunken und noch dazu meine Brille vergessen. Plötzlich sehe ich eine rauchende, heiße Fröschin am Ufer sitzen. Ich sagte mir, ah, eine Freudenfröschin, sei kein Frosch! Forsch hüpfte ich zu ihr. Ich wollte sie küssen, doch da habe ich bemerkt, dass es ein Knallfrosch war. Zu spät - Peng! Aber sag mal Paul, ist so eine Frosch-Schule nicht recht teuer?“

„In der Tat, das kostet schon ein paar Kröten! Ist es mir aber wert. Manchmal ist es aber auch lebensgefährlich. Neulich wollte ein als Frosch verkleideter Storch in den Unterrichtsweiher. Zum Glück kann unser Froschlehrer Quack Fu. Der hat den grünen Gürtel und dem Eindringling kräftig auf den Schnabel gehauen, dass dieser ohne einen Mucks aus dem Weiher geflogen ist. Keinen Ton brachte der heraus. Als hätte er einen Frosch im Hals!“

„Was macht eigentlich dein Nachbar Harry?“

„Ach, der ist ein Beamtenfrosch - sitzt den ganzen Tag rum,

quackt dummes Zeug und wartet auf die Mücken."

„Da brat mir einer einen Storch! Wie geht's denn deiner Frau? Wolltet ihr nicht Kinder?"

„Ich schon, aber meine Frau noch nicht. Sie trinkt deshalb ständig Frosch-Schutzmittel."

„Apropos - hast du gehört, wie die Ostfriesen verhüten? Die schießen auf Störche!"

„Ist ja zum Quaken. Manche Menschen glauben immer noch, dass die Störche ihre Babys herum fliegen. Wenn es so wäre, bekämen *wir* keine Kinder."

„Warum denn das?"

„Die würden sie vor der Auslieferung doch fressen. Außerdem wären die sowieso bald alle arbeitslos, wenn die elektronischen Versanddrohnen kommen. Übrigens - kennst du die letzten Worte eines dummen Frosches?"

„Kenn ich nicht, sag mal!"

„Was bist du denn für ein schöner großer weißer Vogel!"

„Weil du das sagst, neulich hatte ich wahnsinniges Glück. War beim Fliegenfangen auf dem Acker hinter der Löwenzahnwiese. Stehen plötzlich zwei von diesen weißen Ungeheuern vor mir und unterhalten sich darüber, dass die Frösche in dieser Gegend besonders schmackhaft wären. Geistesgegenwärtig stellte ich mich auf ein Bein und flötete: *Ja, gibt's denn hier welche?* Die beiden waren so verdutzt, dass ich mich schnell vom Acker machen konnte."

„Ist ja zum Zungeschnipsen. Wenn du so gescheit bist, kannst du mir bestimmt einen Tipp geben. Ich suche ein Geburtstagsgeschenk für meinen Opa. Der wird bald 18 Jahre alt."

„Hm, da hätte ich eine Idee. Schenk ihm eine elektronische Fliegenklatsche. In dem Alter tut man sich zum Fliegenfangen doch schwer mit der Zunge."

„Gute Idee! Gleich morgen gehe ich in den Fröschl-

Elektronikmarkt, du weißt schon, der neben dem Nobelrestaurant *Zur Fliege*."

„In diesen Laden gehe ich nicht mehr! Die sind total überteuert und haben viel zu wenig Fliegen in der Suppe. Neulich hat sich ein Gast mit einer fleischfressenden Pflanze um eine einzige Fliege gestritten."

„Ein Bekannter von mir, der Georg, war vor Kurzem in einem französischen Nobelrestaurant."

„Und? Hat er gut gegessen?"

„Nein! Er stand auf der Speisekarte!"

„Ist ja schrecklich."

Derweil kommen merkwürdige Geräusche vom unterfränkischen Kirchturm.

„Was göckst und rülpst du denn so herum?"

„Alter, du weißt doch, dass ich Höhenangst hab. Und trotzdem suchst du ein Nest auf dem Kirchturm aus!"

„Wir sind Störche! Die Leute erwarten eben, dass wir hier oben brüten!"

„Gulp! Muss ich, nur weil ich 'ne Störchin bin, immer auf einem Bein stehen? Ich kann das nicht! Ich bin Linksfüßerin und falle irgendwann noch mal auf meinen Schnabel!"

„Sei froh, dass wir hier in Würzburg einen Platz gefunden haben. Letztes Jahr in Ostfriesland haben sie ständig auf uns geschossen, weil sie dachten, sie könnten so verhüten!"

„Da brauchen wir hier keine Angst zu haben. In dieser katholischen Gegend verschießen die ihr Pulver anders!"

„Liebling? Vielleicht ist dir schlecht, weil du schwanger bist?"

„Wie denn? Außer Schnabelklappern war doch nix!"

„Ich hab wenigstens Fressen besorgt!"

„Fressen nennst du diesen Mist? Seit Tagen bringst du nur verrottete Wühlmäuse. Allein deswegen muss ich kotzen!"

„Ich wollte dir ja ein paar süße Fröschchen aus der Frosch-Schule mitbringen. Aber der Oberfroschlehrer konnte Quak Fu und hat mir eine auf den Schnabel gegeben. Da bin ich vorsichtshalber wieder weggeflattert!"

„Püh, unfassbar! Lässt sich von einem Frosch verjagen! Dafür lädst du mich heute zum Froschschenkelessen in den Goldenen Hamster ein. Die haben sooo eine gute Kaulquappensuppe als Vorspeise, mit Insektenkot gewürzt!"

„Hmmm, lecker, Insektenkot! Und zum Abschluss gehen wir in die Ade-Bar und trinken eine Maikäfer-Bowle!"

„Du denkst natürlich gleich wieder ans Saufen. Und an die Klapperschlange, die hinter der Theke die Cocktails schüttelt. Wenn du dich nicht zusammen nimmst, brauchst du statt der Schlange eine Rot-Kreuzotter!"

„Och, die können wir doch anschließend gemeinsam vernaschen. Und dann mach ich dir daheim im Nest fünf süße Eierchen!"

„Ne, drei reichen heuer! Ich hab immer noch Schmerzen von den letzten Fünfen!"

Ratts Fatts

Klein Paula und Mini-Max sitzen in einer stinkenden gelblichen Brühe. Sie zucken zusammen, als ihre Mutter kreischend vom rechten Seitenkanal angewuselt kommt.

„Haaalt! Kinder, wie oft habe ich euch schon gesagt, dass ihr nicht alles bedenkenlos essen sollt, was da angeschwommen kommt!"

Paula schmatzend: „Aber Mama, es ist doch bloß harmlose Kotze!"

Wütend kreischt Mama: „Woher willst du das wissen, wenn es noch nicht in unserem kriminaltechnischen Labor war? Ihr wisst ganz genau, dass uns diese mordlustigen Menschen-Bestien vernichten wollen. Dabei ist ihnen jedes Mittel recht, um vergiftete Ware auszulegen. Sogar getarnt als wohlschmeckendes Erbrochenes. Und du weißt, dass wir Ratten selbst nicht kotzen können, um das Gift wieder loszuwerden."

„Aber Mama, es schmeckt so herrlich nach Randersackerer Spätlese."

„Sei still, Paula! Für alkoholische Ausscheidungen bist du noch zu jung. Außerdem, wo bleibt deine gute Erziehung? Hat man dir im Rats-Gymnasium nicht beigebracht, dass man mit mehr als 300 Gramm im Maul nicht sprechen soll?"

Jetzt mischt sich Mäxchen ins Gespräch ein, der bisher nur geduckt zugehört hat: „Und sag der Paula auch, dass sie mir nicht immer die besten Brocken vom Maul wegschnappen soll! Ich habe das leckere Essen schließlich zuerst entdeckt!"

Paula will ablenken: „Ich bin nur so schnell, damit uns diese englische Kanalratte, die Flat-Ratt, nicht wieder alles wegfrisst! Wo ist Papi denn überhaupt?"

Mutter piepst: „Paula! Du weißt doch, dass er in der Käserei ist, um uns leckeren Emmentaler für's Abendessen zu besorgen."

„Hi hi", kichert Mäxchen, „bis heute wissen diese blöden Menschenbiester nicht, wie die Löcher in den Käse kommen."

Nun kichern alle drei. Dann piepst Mutter weiter: „Eure große Schwester Emma bringt dazu leckere Weinbeeren mit. Sie hat Arbeit bei einem Winzer gefunden, als Leseratte. Sie müsste schon längst da sein. Für das morgige Mittagessen haben wir auch schon die Zutaten aus dem Hotelcontainer gesammelt. Da kommt euer alter Onkel, die Wanderratte, zu Besuch. Es gibt Rattatouille!"

Inzwischen erscheint Emma mit einem Korb voller Trauben. Aus ihrem Kopfhörer dringt laute Musik ihrer Lieblingsband, den Rattles. Den Sänger mit seiner rattenscharfen Stimme himmelt sie schon lange an.

Die Mutter fragt erstaunt: „Emma, wo hast du denn dieses teure Gerät her? So viel hast du doch noch gar nicht verdient!"

„Ach Mutter, ich war nach der Lese im Elektronikmarkt. Das Gerät kann ich in zwölf Monats-Ratten abbezahlen. Außerdem habe ich einen Nebenjob bei der *Air-Dove* als Flugratte angenommen. Mein Freund Paul, der Karatte-Trainer, will mich außerdem finanziell unterstützen. Der hat extra einen Job an der Uni als Versuchsratte angenommen."

Mutter schimpft: „Was, auch noch einen Akademiker als Freund? Na, dann wart mal, bis dein Vater, die alte Sumpfratte, heimkommt! Was der dazu sagt!"

Emma läuft rot an und fragt die Mama: „Wann kommt Papa überhaupt?"

„Der muss nach der Arbeit in der Käserei zu einer Versammlung in den Rattskeller. Ihr wisst doch, dass er als alte Sumpfratte auch Mitglied der Europa Ratts ist."

G'ESSE WIRD IMMER

Na denn - Gesundheit!

„Hallo Georg! Na, wir haben uns ja lange nicht mehr gesehen. Du siehst gut aus!“

„Servus Peter, ich lebe auch sehr gesund! Das ist aber schön, dich mal wieder zu treffen.“

„Oh ja, lieber Georg, das ist heutzutage ganz wichtig. Unsere Gesundheit ist das wertvollste Gut, was wir mit uns herum schleppen.“

„Peter, du sagst es. Gesundes Essen, viel Bewegung und so wenig Giftstoffe wie möglich einnehmen und einatmen.“

„Genauso ist es, Georg! Die meisten Leute treiben mit ihrer Gesundheit Schindluder.“

„So, Peter, jetzt muss ich aber weiter! Ich will noch zum Zigarettenautomaten fahren, mir sind meine Kippen ausgegangen. Und für meinen Sohn soll ich ein paar Tüten Chips und ein paar Flaschen Cola kaufen.“

„Mensch Georg, heute Abend spielen die Bayern gegen Dortmund. Komm doch vorbei, dann können wir uns das Spiel gemeinsam angucken.“

„Prima Idee, Peter. Das werde ich machen. Ich bring ein paar Flaschen Wodka mit, damit wir den Sieg auch anständig feiern können.“

„Jawoll, Georg! Dann schieben wir eine Pizza in die Mikrowelle, trinken ein paar Bierchen und machen uns einen gemütlichen Abend. Seitdem wir den 65 Zoll-Fernseher haben, kleben wir sowieso von früh bis nachts vorm Bildschirm.“

„Aber vorher, lieber Peter, nehm ich meinen Rollator und schiebe mich erst mal zum Stammtisch in den Blauen Kater.“

Cörriwoschd

Kommt ein Kunde zu *MyWoschd* in die Würzburger Eichhornstraße:

„Bidde 'ne Cörriwoschd mit Brödle!"

„Woll'n Sie des mild, middl schaaf, schaaf, oder ultraschaaf?"

„Och, mach'n Sie's bidde schaaf. Ich hab 'nen g'scheit'n Schnupfen und in der Rentner-Bravo gelesen, dass schaafes Zeuch die scheiß Bakterien wechbrenn soll!"

„Ok. Emal schaafe Cörriwoschd mit Brödle. Nen Gut'n!"

Neben ihm steht ein weiterer Gast an der Verkaufstheke: „Au ja, geben Sie mir bitte auch eine Scharfe mit Brötchen. Ich hab auch eine Erkältung!"

„Noch ne Schaafe mit Weckle, kommt sofort!" Der Verkäufer freut sich, dass die Erkältungswelle seinen Umsatz ankurbelt. „So, biddeschön, Ihr schaafe Cörriwoschd. Nen Gut'n, und gute Besserung!"

Ein weiterer Kunde, der das mitbekommen hat, bestellt zur Vorbeugung gegen eine Erkältung ebenfalls eine Currywurst mit Brötchen und dem Zusatzwunsch: „Aber bidde ultraschaaf. So schaaf wie mööchlich!"

„Aha", sagt der Wurstverkäufer, „wohl 'ne ganz schwere Grippe?"

„Nä, nä", ruft der erstaunte Kunde, „ich will morgen früh bloß mei Hämmorid'n abfackeln!"

Fallobst

„Hallo! Hallo, Sie da!“

Totenstille! Sein Gegenüber tat, als hätte sie ihn nicht gehört.

„Hallo Gnädigste!“ Er wird lauter. „Ja, Sie meine ich! Können oder wollen Sie nicht mit mir sprechen?“

Mit aufgerichtetem Nabel näselt sie entrüstet: „Was fällt Ihnen ein? Ich möchte nicht von so einem billigen Jonathan von der Seite angesprochen und belästigt werden!“

„Ach, so ist das! Sie meinen wohl, Sie sind etwas Besseres. Sie sind doch auch nur eine alte, eingeschnappte Jungfer, die irgendwo vom Baum gefallen ist!“

„Püh! Ich bin etwas Besseres! Man hat mich liebevoll ausgewählt und behutsam behandelt. Wo ich herkomme, scheint das ganze Jahr die Sonne und die Leute liegen am Strand zum Bräunen oder surfen auf meterhohen Wellen! Aber dann hat man mich in diese grässliche, kalte Gegend gebracht, wo es von solchen Mostköpfen wie Ihnen nur so wimmelt!“

Er holt Luft, um sich zu verteidigen, doch sie geifert weiter: „Da war mir dieses schwarze, widerliche Spinnentier, das in unserem Abteil mit gefahren ist, tausend Mal lieber als der Umstand, mit euch minderwertigen Subjekten in der selben kalten Schale zu liegen!“

„Jetzt hörst du mal gut zu, du eingebildete Pomeranze!“, fängt eine mit goldgelber Haut, die bisher nur stumm zugehört hatte, plötzlich zu schimpfen an. „Führ dich nicht so auf! Du willst etwas Besseres sein? Ich lach mich gleich krumm! Du bist auch nur eine dumme, alte, eingebildete Apfelsine. Schau dir doch mal deine verrunzelte Orangenhaut an! Darauf brauchst du dir wirklich nichts einzubilden! Im Gegensatz zu meiner oder der Haut vom Apfel. Wie glatt und frisch wir noch aussehen! Obwohl wir alle drei zur gleichen Zeit gepflückt wurden!"

„Außerdem", ergänzt die Banane, „werde ich sogar noch brauner, saftiger und süßer als du, wenn ich nur lange genug in der Sonne liege. Du dagegen wirst verhutzelt und grau sein. Nicht mal mehr zu einem O-Saft mag man dich dann auspressen!"

Nun ist die Orange endgültig eingeschnappt und verspritzt ab sofort keinen Ton mehr. Es dauert ein Weilchen, bis sie trotzig bemerkt: „Und ich bin doch etwas Besseres! Mich werden sie zuerst vernaschen. Ihr werdet schon sehen, ihr Fallobst!" Plötzlich hört sie Schritte und sie verstummt.

Die Küchentüre öffnet sich.

„Helen, ich hab furchtbaren Kohldampf! Hast du dir schon überlegt, was wir heute zum Mittagessen kochen?"

„Weißt du was, Robert? Ich mache uns auf die Schnelle ein paar Pfannkuchen!"

„Prima! Und ich mixe uns als Belag einen herrlichen süßen Obstbrei!"

Während sie den Teig zubereitet, schneidet er den Apfel, schält die Banane und befreit die Orange von ihrer porigen Hülle. Dann wirft er das Obst in den Mixer und drückt den Einschaltknopf. Urplötzlich sind alle in Zimt und Zucker miteinander vermengt .

Und die Moral von der Geschicht?
Was Besseres sind wir alle nicht!
Ob Mensch, ob Tier, ob Held, ob Flasche -
wir werden alle mal zu Asche!

Warum man eine Schnellfresse meiden sollte

Heut hab ich Lust auf mein Leibgericht,
doch zum groß Essen reicht die Zeit leider nicht.
Hab mächtig Kohldampf, es knurrt mein Magen,
so fahr ich zur Schnellfresse mit dem Wagen.

Ich trete ein, es riecht abscheulich,
endlich find ich ein Tablett, beinahe heul ich.
Ein Essen, ein Bier, dann geh ich zur Kasse,
Servietten sind alle, wie ich so was hasse.

Jetzt steh ich da, kein freier Tisch,
endlich was frei, doch da stinkt's nach Fisch.
Ich stell mich neben 'nen Gammlertyp hin,
versuch zu schlucken, der Kerl stinkt nach Gin.

Der Salat ist lasch, das Schnitzel kalt,
wofür hab ich sechs Euro fuffzich bezahlt?
Da naht der Kassierer und fragt beklommen:
Ham *Sie* des Ausstellungsstück mitgenommen?

Mir wird übel und ich renn zum Klo,
als alles raus ist, bin ich heilfroh.
Da soll einer sagen, Imbiss ist toll,
den Magen hab ich leer, die Schnauze voll!

BAKTERIEN BAZILLEN BEISCHLAF

Der Fleck

Nach hoher Kunst steht ihr der Sinn,
d‘rum geht sie ins Museum rin.

Clothilde starrt auf einen Fleck,
sie ist sich sicher, der muss weg.

Der ist so hässlich anzusehn,
dem wird das Lachen noch vergehn.

Clothilde ist sich ganz gewiss,
das ist bestimmt ein Muggeschiss.

Sie ist beim Putzen sehr geschickt,
Rotzfahne raus und draufgedrückt.

Doch hilft kein intensives Rubbeln,
kein heftiges mit ATA Schrubbeln.

Mit Eifer, Mut und etwas Wut
und Essigsäure wird's dann gut.

Der Fleck ist weg, doch oh, beim Zeus,
es war ein altes Werk vom Beuys!

(und mächtig teuer war der Scheiß!)

Der Lausejunge

Familie Laus hat sich befristet
im Fell vom Lumpi eingenistet.

Und sie gehn auf diese Weise
auf eine späte Hochzeitsreise.

Aber so, nach ein paar Tagen,
Frau Laus tut über Bauchweh klagen.

Herr Laus, der jubelt, ist ja prächtig,
Alte, ich glaube, du bist trächtig.

Und nach ein paar Wochen schon
bekam Familie Laus 'nen Sohn.

Stolz kam Vater Laus gesprungen,
freut sich über'n Lausejungen.

Tut vor Freude ein Pfeifchen paffen,
geht in den Zoo auf einen Affen.

ZENSUR

by cloDe b.

Sex

Schon in der Wiege fing es an,
kaum, dass ich laut zu plärr'n begann,
dacht ich schon an Sex ganz frei,
denn um sechs bekam ich meinen Brei.

Als ich dann in der Schule war,
war mir bereits damals klar:
Ohne Sex läuft nix im Leben -
und im Zeugnis sah man's eben.

So sehr ich mich bei der Arbeit plag,
denk ich an Sex, den ganzen Tag!
Ich ständig daran denken muss,
um sechs Uhr hab ich nämlich Schluss!

Am Geigen ist mir nix gelegen,
lieber spiele ich Gitarre eben.
Denn sexy ist das Ganze doch,
ich pack's am Hals und zupf's am Loch.

Scheiß Job

„Warum stierst du denn so?“

„Ich glaube, ich habe ein Burnout!“

„Wie - ein Burnout?“

„Na ja, weißt du, mein Job ist ziemlich fies!“

„Warum? Was machst du denn?“

„Ach, es ist zum Borstenraufen! Seit über einem halben Jahr geht das so. Jeden Tag muss ich in diesen stinkenden Fressen herum wedeln und in diesen furchtbar verschmutzten Ecken und Zwischenräumen herum putzen. Davor schmieren sie mir immer eine widerliche weiße Paste auf meinen Kopf, die furchtbar schäumt. Und dann diese schrecklichen Bakterien! Sie hängen wie Kletten an meinem zarten Borstenschnitt und vermehren sich wie die Ratten. Normalerweise sollte man mich mindestens einmal im Vierteljahr auswechseln!“

„Du solltest schleunigst mal eine Kur beantragen!“

„Die bräuchte ich auch dringend! Stell dir vor, neulich kommt doch so ein kleiner Racker und putzt mit mir den Hamsterkäfig aus. Das Viech hatte Durchfall! Dann stellt er mich wieder in mein Glas, als wäre nix gewesen!“

„Und der große Mensch hat nix gemerkt?“

„Nein! Der hat mich ganz normal weiter benutzt.“

„Ha ha, ist ja lustig!“

„So lustig ist das nun auch wieder nicht. Das ist schon ein scheiß Job, das kann ich dir sagen!“

„Tja, deine Sorgen möchte ich auch mal haben.“, sagt die Klopapierrolle zur Zahnbürste.

Bazilline's Reise

Eine summende Bazille
unterbricht die Mittagsstille.

Mit zwei Koffern vollbepackt
steht sie am Darmausgangs-Trakt.

Da Bazillin ihr Brummen hört
geht er zu ihr und fragt verstört:

Sag mal, soll das etwa heißen,
du willst heute noch verreisen?

Ja, sagt Bazilline kurz,
ich warte auf den Zwölf-Uhr-Furz!

Viren

Es treffen sich zwei Viren am Stammtisch um zu diskutieren.
Wo könnte man sich gut verstecken,
dass die Leute schnell verrecken.

Alles würde passen, was die Menschen so anfassen.
An Geländern oder Türen
können sie uns nicht aufspüren.

Am besten, hört man sie dann sagen
klebt man am Griff vom Einkaufswagen.
Und auch in der Straßenbahn, wo jeder sich anhalten kann.

Günstig ist es auch im Klo, wo die Leut mit ihrem Po
auf der versifften Schüssel sitzen
und danach kein Wasser nützen.

Überall, wo die Idioten, nicht waschen ihre Pfoten.
Wasser, Seife, Handtuch meiden,
können wir uns schnell ausbreiten.

Neuerdings macht es Sinn, steckt man im Computer drin.
So macht moderne Technik Spaß
und als Virus lernt man was.

Schön ist es auch bei Mann und Frau, lallt das Virus HIV.
Wir sind in diese Welt verliebt,
weil es da so viele Ferkel gibt.

Mit zwei kühlen Gläsern Bieren und ausgiebigem Dinieren
beenden sie das Diskutieren
und kriechen heim auf allen Vi(e)ren.

MUSIKER
UND ANDERE
TALENTE

Das Konzert

Der Eine haut mit seinen Stöcken
auf fellbespannte, runde Dinger.
Der Andere zieht an dünnen Därmen
mit seinen langen Spinnenfingern.

Ein Dritter schlägt mit seinen Händen
auf schwarze und weiße Tasten ein.
Der Vierte reißt sein Maul weit auf
und fängt ganz plötzlich an zu schrei'n.

Grelle Blitze, bunte Lichter
überfluten schrill den Saal.
Die Leute zucken, klatschen Hände,
ob aus Freude - oder Qual?

Die Gesichter auf der Bühne
leuchten mal Rot, mal Violett.
Im Rausch des Disco-Fiebers
tanzen Go-Go-Girls kokett.

Plötzlich und ganz ohne Warnung
enden Lärm und Licht brutal.
Die Menge meint, das gehört so
doch es ist nur Stromausfall.

Der Versifex

(Verseschmied)

Manche Leute sind perplex, über diesen Versifex.
Wie kann einer denn mitnichten
so viel irren Unsinn dichten?
Und über so irren Kot
wird er dann nicht einmal rot.

Du Trauerkloß wirfst mir hin
dass ich ein arger Kindskopf bin.
Wer meinen Humor nicht versteht,
zum Lachen in den Keller geht,
dem sag ich es in sein Gesicht
du tust mir leid, du armer Wicht.

Warum trägst du die Nas‘ so hoch?
Irgendwann stirbst du noch
eingebildet und verbittert, zu schnell gealtert und verwittert.
Wer kindlichen Humor behält,
der altert nie auf dieser Welt!

Irre sind die wahren Künstler

Es ist zigtausendmal schwerer, jemanden zum Lachen zu bringen als zum Weinen!

Dies habe ich neulich in einem Selbstversuch erfolgreich getestet. Dabei habe ich meiner Frau mit einem Hammer auf den Daumen geschlagen. Es hat nur zwei Sekunden gedauert bis sie geweint hat. Es hat allerdings über zwei Tage gedauert, bis ich sie wieder zum Lachen gebracht habe.

Dichter-Alltag

Ausgeruht und frisch,
sitzt er frohen Mut's am Tisch,
einen Kuli und ein weißes Blatt
ist alles, was er vor sich hat.
Er hofft, dass die Ideen sprudeln,
lässt sich Zeit, will ja nicht hudeln.

Er brüht sich fix ein Kaffeekännchen,
malt auf's Blatt ein Galgenmännchen,
'ne Mordsgeschichte, die wär fein,
doch zu 'nem Krimi fällt ihm nix ein.
Sex verkauft sich immer gut,
leider fehlt ihm dazu der Mut.

Inzwischen sitzt er müde hier,
nippelt an sei'm dritten Bier.
Das erste weiße Blatt ist voll,
nur mit Gekrixel, gar nicht toll.
Vielleicht mit Fantasy probier'n?
Nee, da müsst er mühsam recherchier'n.

Sein Magen knurrt und in der Not
schmiert er sich ein Schnitzelbrot.
So bekommt das Blatt nun an den Ecken
mit Fett verzierte Deko-Flecken.
Nach fünf Stunden müde und satt,
fällt sein Kopf auf's weiße Blatt.

Er träumt vom Himmelsparadies,
dass Frau Eva ihn verließ.
Sie hatte ihn gar nicht mehr lieb,
weil sie es mit 'nem Apfel trieb.
Frustriert wacht er auf in seinem Zimmer,
schreibt nur Blödsinn - so wie immer!

Waldbrand (mein erstes Manuskript)

Endlich habe ich mein Werk vollendet. Es liegt vor mir auf dem Schreibtisch und lächelt mich an. Als wolle es mir irgend etwas sagen. Fernsehbilder einer Oscar-Verleihung schwirren mir durch den Kopf. Ich konzentriere mich voll auf das Papier. Kurz bevor ich einnicke, mault es mich an: „Hey Alter, stier mich nicht so dumm an! Vergiss lieber nicht, dich zu bedanken!"

So ein Mist! Beinahe hätte ich vor lauter Stolz nicht daran gedacht. Nur, wie und wo und bei wem fange ich an? Produzenten oder Verleger habe ich nicht. Keiner von diesen Kunstbanausen hat sich bisher für eines meiner Werke interessiert.

Meine Frau fällt mir ein, die mit unendlicher Geduld mein Fluchen am Computer ertragen hat. Nie sagte sie etwas, auch wenn ich monatelang erst um zwei Uhr nachts ins Bett gefallen bin. Vielleicht sagte sie auch nichts, weil sie schon fest schlief und froh darüber war, dass ich in der Zeit des Schreibens nichts im Haus angestellt habe?

Meine Eltern fallen mir ein, denen ich danken muss, weil sie mir so viel Hartnäckigkeit und Ausdauer mit auf den Weg gegeben haben.

Sollte ich auch diesem Herrn Konrad Zuse danken, der den ersten Computer baute? Weshalb ich meine Manuskripte nicht mehr handschriftlich oder mit einer Klapperschreibmaschine anfertigen muss? Sollte ich in diesem Zusammenhang auch der Firma Microsoft und Bill Gates danken? Aber das würde wahrscheinlich zu weit führen.

Doch nun zu meinem Werk, an dem ich monatelang in müh- und weinseligen Tagen und Nächten geschrieben habe! Nach Fertigstellung brauchte ich noch drei Jahre, um es radikal zu kürzen. Eine Essenz aus 1700 Seiten! Dieser Johann Wolfgang von Dingsbums und viele andere Schriftsteller lehren, dass *Weglassen* die größte Kunst beim Schreiben ist!

Ich präsentiere nun das komplette Meisterwerk:

Prolog: -- Waldbrand --
Mittelteil: -- Auf hoher See --
Epilog: -- gelöscht --
©

Im Übrigen werde ich das Abkupfern meines Textes - egal ob vollständig oder auszugsweise - mit aller Härte des Gesetzes verfolgen!

Der schwarze Sarg

Es ist stockdunkel und es riecht muffig. Nun, ich will nicht jammern! Wenigstens liege ich bequem. Nachdem er mich behutsam zurück in meinen schwarzen, mit rotem Plüsch gepolsterten Sarg steckte. Ich höre das Knacken der fünf Metallverschlüsse und seine leiser werdenden Schritte.

Hoffentlich holt er mich morgen wieder heraus aus dieser maßgeschneiderten Form, in die ich nun eingebettet bin. Zum Glück ist das kein lappriger Plastiksack, in dem er mich anfangs schon einmal zu einem Konzert mitgeschleppt hatte. War ich froh, als er mich endlich aus diesem ekligen Kunststoffteil befreite.

In diesem schwarzen Sarg gehe ich gerne mit ihm auf Tour. Die meiste Zeit stehe ich sowieso nur gelangweilt auf der Bühne herum, weil er mit irgend so einer arroganten tomatenrot Lackierten spielt. Ich weiß gar nicht, was er an ihr findet. Sie ist steif wie ein Brett und hat einen viel zu dünnen

Hals. Er nennt sie Paula. Ich weiß, dass sie mit Nachnamen Gibson heißt. Paula Gibson. Klingt wie die Tochter eines Stuckateurs. Wie fad! Wenn er auf ihr herum drückt, hört man sie nur über einen Verstärker. Mich nennt er Cortula. Ich bin auch eine echte von Cort! Das klingt doch schon eher nach einem feurigem Top-Ten-Hit!

Ob ich eifersüchtig bin? Nö... Na ja, vielleicht ein klein bisschen. Wenn ich bedenke, dass er sich daheim in unserem dunklen Kellerraum überwiegend mit mir beschäftigt und sie dabei stumm in einer Ecke steht und uns zuhört. Manchmal tut sie mir sogar leid. Aber was soll's! Jeder ist sich selbst der Nächste. Sie denkt sicherlich auch nicht an mich, wenn er sie auf der Bühne betatscht.

Doch ein oder zwei Songs spielt er immer mit mir vor dem Publikum. Mein Lieblingslied ist *My Lady D'Arbanville* von einem gewissen Cat Stevens. Vielleicht würde er mehr von diesem Sänger mit mir spielen, doch dieser Stevens ist durchgeknallt und musste seine Karriere wegen seinem Glauben aufgeben!

Inzwischen schlafe ich und träume, dass der schwarze Sarg sich öffnet. Leidenschaftlich packt er mich am Hals, ich bekomme kaum Luft. Er zieht mich heraus. Legt mich auf seinen warmen Oberschenkeln ab. Hoffentlich probiert er einen neuen Song mit mir aus! Freudig schwinge ich mit meinen edlen Hölzern. Ich zittere mit meinen Saiten, als er sie zärtlich in der Nähe meines Schall-Loches zu zupfen beginnt und träume von *Nights In White Satin.*

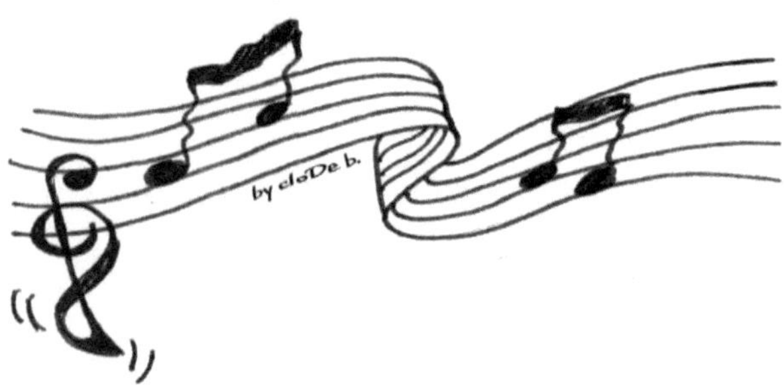

DES RUNDE MUSS INS ECKIGE

Fußballspiel

Dreiundzwanzig verkaufte Eintrittskarten beim Fußball-Kreisliga D-Spiel Untergrumbrechtshausen gegen Oberdüdelbrunn. Kurz - die Grummer gegen die Düdels.
Die Menge auf den Stehplätzen tobt - weil die Kantine kein Pils mehr hat! Ein Zuschauer meint: „Gut, dass bald ein paar Flachmänner auf dem Rasen erscheinen."

Anpfiff!

Vom Oberdüdelbrunner Trainer!

Dieter Stoß, der Mittelstürmer, hat anstatt weißen Kniestrümpfen aus Versehen rosa Söckchen angezogen.

Spielbeginn!

Der Schiedsrichter pfeift jetzt schon aus dem letzten Loch. Dabei beißt er sich selber in den Hintern. Hätte er doch nur gestern Abend nicht das ganze Bier in der Kantine weggesoffen. Dann würde ihn auch nicht dieses lästige Tier, ein kräftiger Kater, verfolgen. Seine zwei Assistenten an der Seitenauslinie haben zwei Fahnen. Eine davon jeweils in der Hand. Die andere, eine Hofbräu-Fahne, riecht nach Hopfen, Gerste und Malz.
Die Spieler schauen den Schiri mit großen Augen an, als er in seine Trillerpfeife bläst und *"Halbzeitpause"* ruft. Es dauert eine Weile bis sie ihm klarmachen können, dass das Spiel noch gar nicht begonnen hat.

Irgendwie kommt der Ball dann doch noch zum Laufen. Kaum ist der Stürmer von Untergrumbrechtshausen vor dem gegnerischen Eckigen, stürmt der Wächter dieses Aluminiumgestelles aus seinem Kasten und greift beherzt nach dem Ball. Wundert sich aber, warum er plötzlich zwei Kugeln in den Händen hält.

Der Stürmer jault. Der schwankende Parteilose will die gelbe Karte ziehen. Bemerkt zu spät, dass er die Karten in der Kantine vergessen hat. Also bei der Frau Kant, der Frau des Kneipenwirtes Eduard Kant. Notgedrungen zeigt er seine gelben Zähne. Fünfundzwanzig Stinkefinger zeigen in die Höhe. Begleitet vom Sprechgesang: *„Wir wissen, wo dein Auto steht!“* Der Schiedsrichter grinst in die Menge und zeigt zwei Stinkefinger zurück.

Torabschlag (mit dem echten Ball)!

Ein Mitspieler nimmt den Ball an und schießt auf's eigene Tor. Er darf das, er ist Spielführer und hat deswegen die Blindenbinde um. Derweil ist die Mannschaft von Oberdüdelbrunn seit einer halben Stunde in Ballbesitz. Leider finden sie ohne Navigationsgerät das gegnerische Tor nicht.

Die Grummer sind beleidigt und beantragen beim Schiedsrichter einen eigenen Ball. Dem Linienrichter wird's allmählich langweilig. Er zeigt mit seiner Flagge Abseits an, weswegen er vom Stürmer der Düdels eine Watsche bekommt. Der ist der Meinung, dass der Schiri selbst am meisten im Abseits steht. Worauf ihm der Schiedsrichter die rote Karte zeigen will. Weil er keine hat, zeigt er ersatzweise seine rote Zunge. Dann nimmt der Schiedsmann einem Mittelfeldspieler ein langes Schwert ab. Der hatte den Zuruf seines Trainers falsch aufgefasst, er solle doch mehr köpfen.

Es wird langsam dunkel. Die Original Untergrumbrechtshausener Flutlichtanlage wird angebrannt. Ach, wie romantisch. Tausende Teelichter brennen um das Spielfeld.

Weil es zunehmend kälter wird, versucht es ein Spieler mit einer Schwalbe. Vergeblich! Eine Schwalbe macht halt doch noch keinen Sommer. Dabei hat er sich am Knie verletzt. Es blutet. Nur gut, dass er im Fußballverband ist.

Der Schiri zeigt ihm wieder seine rote Zunge. Die Menge ist empört und ruft: *"Wir wissen, wo dein Auto steht!"* Der "Man in Black" grinst nur und zeigt den Stinkefinger.

Inzwischen wird darüber diskutiert, ob man demnächst lieber einen Lilliputaner als Unparteiischen nehmen sollte. Der ist wenigstens immer auf Ballhöhe.

Das Spiel plätschert weiter dahin. Nun machen die zwei schwulen Abwehrspieler von den Grummern etwas Druck von hinten. Der Trainer ruft ihnen zu: "Spiel doch einen Pass zu Meier!“ Worauf der Spieler seinen Reisepass aus der Hosentasche kramt und ihn mit dem Fuß in Richtung Meier schießt.

Inzwischen hat ein Düdler-Stürmer den Ball angenommen und will ihn in Richtung Tor schießen. Wird nix. Deswegen nennt man ihn auch *Lady Diana*, weil er immer nur den Pfosten trifft. Er hat in dieser Saison bei sechsundzwanzig Spielen nur ein Tor geschossen. Ein Eigentor.

Der Schiedsrichter wird müde und pfeift das Spiel ab. Fünf Minuten zu früh. Die Menge tobt: *„Wir wissen, wo dein Auto steht!"* Der Schiedsrichter grinst wieder in die Menge und flötet: „Pech gehabt, Arschlöcher. Ich habe gar kein Auto!"

Inzwischen tauschen zwei schwule Spieler anstatt der Trikots ihre Höschen. Auf dem Nachhauseweg munkeln die Zuschauer, dass bei der nächsten Begegnung der beiden Mannschaften der Papst anwesend sein soll. Er reist doch immer gerne dorthin, wo das Elend am größten ist.

KLASSIKER

Die wahre Geschichte
von David und Goliath

Langweilige, unblutige Geschichten
Chronisten uns nicht gern berichten.

Auch Gelehrte von nah und fern
hören es partout nicht gern,
dass die Sage von David und Goliath
einen ganz anderen Ausgang hat.

Als David an seiner Kinderschleuder zog,
sich Goliath schon vor Lachen bog.
Bevor er zielt auf den dicken Brummi,
riss auch noch der Schleuder-Gummi.

Nein, David hat ihn nicht umgebracht -
Goliath hat sich totgelacht!

Warum Nofretete so einen blöden Hut trägt

Warum fand Nofretete es gut,
zu tragen so ‘nen großen Hut?
War‘s, weil sie als Königin
meint‘, große Hüte, die sind „in“?

Nein - Nofretetes Kopf war kahl,
denn sie hatte Haarausfall!

Wie Shakespeare zu seinem Namen kam

Als er in seiner Stammkneipe saß,
genüsslich an einem panierten Kotelett aß,
dazu trank ein paar Becher vom süßen Wein,
leuchtete er gar tüchtig rein.

Mit dem Wein, das ist schon eine Plage,
rein oder nicht rein, das ist hier die Frage.
Es kam ihm so, wie ich es seh',
zu seinem Hamlet die Idee.

Sein Künstlername sei betitelt
wie Bier, nicht gerührt, sondern geschüttelt.

Warum Siegfried Vegetarier wurde

Als Siggi den Lindwurm mit einem Schwert besiegte,
und beim Festmahl jeder ein Stück davon kriegte,
waren nach dem Essen alle satt,
leider Siggi jetzt 'nen Bandwurm hat.

Seitdem war er kuriert und wurde schlauer,
aß nie mehr rohes Fleisch ohne Fleischbeschauer.

Die ersten Missverständnisse unserer Spezies

Das mit den Missverständnissen fing schon bei Adam und Eva an. Als Adam zu Eva sagte, sie solle ihm einen runterholen. Nun, Evchen war blond und so holte sie ihm einen Apfel vom Baum. Weil sie so blöd war, hat der Herrgott sie aus dem Paradies gejagt.

Missverständnisse sind früh bekannt,
schon in der Bibel wurden sie genannt.
Adam sagte zu Eva ganz verstohlen,
sie soll ihm einen runterholen.
Sie sah zwar diese große Schlange,
doch sie hatte Haare, blonde, lange.
So holte sie ganz froh und munter,
vom Baum den Apfel ihm herunter.
Als der Herr bemerkte, was er erschaffen,
dachte er, die sind ja dümmer noch als Affen.
So eine blöde Kuh, hat er gesagt,
und sie aus dem Paradies verjagt.

Und wegen dieser dummen Kuh
leben wir hier so - ich und du!

Bei folgendem Werk habe ich in der Geschichte der Dichtkunst etwas Einmaliges vollbracht - ich habe zwei bedeutende Werke von Friedrich Schiller zusammen geführt. Es handelt sich um ‚Das Lied von der Glocke' und ‚Der Taucher'. Daraus entstand unter meiner Feder das Werk ‚Die Taucherglocke'!

Die Taucherglocke
(*sehr frei* nach Friedrich Schiller)

Wer wagt es, Rittersmann oder Knapp',
zu tauchen mit dieser Glocke hinab?

Wie fest gemauert in der Erden
steh'n die Ritter wie gebannt.
„Muss ich denn erst böse werden?",
spricht der König voller Grant.

Er grummelt weiter: „Ein's ist gewiss,
wer taucht mit der Glocke und holt mein Gebiss,
das mir, als ich nieste, in den Fluss gefallen,
den will ich königlich bezahlen!"

Doch die Ritter und die Knappen
knabbern nur ängstlich an ihren Kappen.

Plötzlich ein Edelmann, dick und keck,
wirft spontan Gürtel und Mantel weg.
Und der König freut sich sehr,
verspricht ihm Tochter, Geld und mehr.

Doch der verdutzte Rittersmann
fragt nur, ob er mal austreten kann.

Weil der King verspürt Kohldampf, 'nen großen,
hüpft er hastig aus den Hosen,
springt selber in die kalten Wellen,
große Blasen sieht man quellen.

Wohl, die Massen sind im Fluss,
da er seine Beißer finden muss,
damit voll und rein seine Stimme schalle,
ist sie von edelstem Metalle.

Prustend und sauber steigt er g'rad
zähnefletschend aus seinem Bad,
stolz mit seinem Gebiss in der Hand,
selig, dass er's wieder fand.
(Doch bevor er's tut benutzen,
muss er's erst mal richtig putzen)

Unbenutzt unter einer Decke,
steht die Glocke in der Ecke.
Was denkt sie? Ich werd es euch verraten:
„Endlich ging der Dicke baden!"

Ich habe mir erlaubt, einige alte Dichtungen umzugestalten, um diese der heutigen Jugend zugänglicher zu machen.

Die Geschichte vom Zar Belsa (Belsazar)
(*sehr frei* nach Heinrich Heine)

Die Mitternacht zog näher schon,
in stummer Ruh‘ lag Baby John.

Nur unten in des Königs Schoß,
da flackert‘s in des Herrschers Hos‘.

Dort oben in dem Königssaal,
Zar Belsa hielt sein Königsmahl.

Die Knechte saßen in schwummrigen Reih‘n,
und soffen aus Bechern den Frankenwein.

Das gellende Lachen verstummte zumal,
es wurde leichenstill im Saal.

Sieh dort, an frisch getünchter Wand,
erst gestern gestrichen von Malershand.

Grausam, nein, eine solche Schand‘,
war unbekannt im ganzen Land.

Selbst Zar Belsas Frau kam angerannt,
wie kommt der Riss dort in die Wand?

Der König stieren Blickes saß,
die Knechte waren leichenblass.

Zar Belsa hat in selbiger Nacht,
aus Wut den Tüncher umgebracht.

Weil viele junge Leute mit dem Klassiker "Erlkönig" in Goethes Urfassung nix mehr anfangen können (wer von den jungen Menschen weiß zum Beispiel noch, was ein Pferd ist), habe ich gewagt, es ins 21. Jahrhundert zu übersetzen.

Tod im Mustang
(frei nach Goethes Erlkönig)

Wer fährt so spät nachts durch den Wald?
Es ist schon dunkel und arschkalt.

Wer rast so spät durch Wald und Wiese?
Es ist der Georg mit der Luise.

Vor lauter Stoff sind sie fast blind
und wissen nicht mehr wo sie sind.

Georg ist ganz irritiert,
weil es in seiner Hos´ vibriert.

Er weiß genau, was das bedeutet -
es ist sein Smartphone, was da läutet.

Luise macht das ganz nervös,
sie haut auf seine Hose bös.

Sie dachte, dieses harte Ding,
hört nun auf mit „klingeling“.

Er krächzt: „das war die falsche App,
haust auf die falsche Seite, Depp!“

Er konnte es ihr nicht erläutern,
kam mit dem Mustang schwer ins Schleudern.

Kommt zum Stehen mit Müh und Not.
Beide leben - sein Ding ist tot!